나는 기도하기로 했다

나는
기도하기로
했다

한근영

오랜 고난에도
끝까지 주님을 붙들고
기도의 사람이 되어간
예수 동행기록

규장

기도 용사가 따로 있는 것이 아니다

주님과 동행하면서 온전히 기도로 사는 사람을 만나는 것처럼 행복한 일이 있겠습니까?

한근영 사모님의 책 원고를 읽으면서 가장 먼저 든 마음은 진심으로 "감사하다"라는 것이었습니다. 먼저 쓰신 《나는 같이 살기로 했다》를 읽으면서도 큰 은혜와 도전을 받았습니다. 이 책 원고를 읽으면서도 몇 번이나 눈물이 흘렀고 또 기도의 자리로 나아가기도 했습니다. 성령께서 기도할 마음을 계속 부어주심을 느꼈기 때문입니다.

저자는 정말 '기도의 용사'입니다.

그러나 그는 '기도의 용사'가 따로 있는 것이 아니라 했습니다. 기도란 하나님께서 모든 인생에 설계해두신 '제자리'라는 것입니다.

우리는 기도를 통하여 하나님으로부터 오는 생명을 공급받고 하나님이 계획하신 아름다운 모습으로 살 수 있기 때문이라 했습니다.

옳습니다. 그런 점에서 보면 저자는 '기도의 용사'이기보다 지극히 '정상적인 그리스도인'입니다.

이 책에서 그것을 깨닫고 얼마나 감사했는지 몰랐습니다. 한 사람의 영웅을 보는 것도 귀하지만 자신이 그렇게 살 수 있음을 아는 것은 말할 수 없는 기쁨이기 때문입니다.

저자는 말할 수 없이 불안하고 마음이 염려로 가득하여 '하나님, 어떻게 해요?' 하는 순간 답이 명확하게 돌아왔다고 했습니다.

"기도해야지!"

그때 하나님의 자녀들이 겪는 이런 고통에 대해 하나님께서 과연 어떻게 움직이시어 모든 일을 처리하실지, 보고 듣고 적어야 한다는 사명감이 마음 안에 뜨겁게 올라와 '그래, 골방으로 가자. 거기로 가서 받아 적자' 하였다고 했습니다.

그렇게 쓰게 된 '기도일기'를 이 책에서 보게 됩니다.

이 일기는 주님과 동행하는 매일의 삶의 기록이 되었습니다. 그러면서 수많은 어려웠던 순간순간, 함께하시는 주님을 더욱 깊이 알게 되었고 주님의 인도하심을 받을 수 있었다고 했습니다. 그리고 기도가 단순히 하나님께 드리는 간구만이 아니라 주님과의 친밀한 사귐임을 경험할 수 있었다고 했습니다.

물론 기도하는 삶이 쉽다고 할 수만은 없을 것입니다.

그렇지만 저자는 기도하면서 기도가 짐이 아니라 호흡임을 알았다고 했습니다.

"오랫동안 끊겼던 기도를 30분 정도 드린 뒤에야 나도 모르게 후, 하고 긴 숨을 내쉬어졌다. '이제야 좀 살 것 같다' … 그 작은 기도의 불씨들이 나와 우리 가족을 지켜내고 있었다."

기도할 수밖에 없는 '고난의 때'야말로 하나님께로 나아갈 축복의 기회입니다.

본성적으로 하나님으로부터 도망가려는 우리가 돌이켜 날마다 하나님께로 돌아가게 되었다면, 그거야말로 축복 중의 축복이 아니겠습니까?

여전히 기도가 힘들게 느껴지는 사람들에게 저자는 하나님의 말씀을 붙잡고 기도했던 경험을 나누어주고 있습니다. 성경 말씀이 저자를 하나님과의 진정한 소통의 자리로 이끌고(그것이 기도가 아닌가), 진정한 기도가 나오도록 이끈 것입니다.

그렇게 기도의 주도권을 하나님께 넘겨 드리게 되면서 기도가 무거운 짐이 아니라 기쁨임을 알게 되었습니다.

"남편의 회복에 대한 주도권도 하나님께 넘겨드렸다. 남편을 살릴 방법을 내가 찾아 나서려 하지 않고, 남편을 주목해 바라보시는 하나님께서 내시는 치유의 길에 나도 동참할 수 있기를 바라며 기도하게 된 것이다. … 나는 나보다 아들을 더 잘 다루실 뿐 아니라 지혜롭고도 권위 있게 인도하실 하나님을 믿었기에, 그 하나님께 아들을 맡기고 내 할 일에 집중할 수 있었다."

이것은 정말 중요한 교훈입니다.

이 책을 펼친 이들 중에 날마다 기도하지 않으면 안 되는 고난의 시기를 지나가는 사람들이 많을 것입니다.
이 책을 끝까지 읽어보기 바랍니다.
그러면 성령께서 주시는 한없는 위로와 기도의 힘을 얻게 될 것입니다.
그리고 기도가 의무가 아닌 기쁨으로 다가옴을 경험하게 될 것입니다.

유기성 목사
선한목자교회

그래도
기도해야지

《나는 같이 살기로 했다》(규장) 출간 이후, 많은 분들이 제게 두 가지 질문을 주셨습니다. 하나는 그 이후로 저희 가족이 어떻게 살고 있는지 현재의 안부를 묻는 것이었고, 또 하나는 어떻게 해야 폭풍우 몰아치는 기나긴 광야를 지날 수 있느냐는 물음이었습니다. 이 책은 그 두 질문에 대해 드리는 저의 답장입니다.

광야에 들어선 사람이 해야 할 일은 첫째도 기도, 둘째도 기도, 셋째도 기도입니다. 광야 전체를 아시고 내가 머문 지점도 세세히 아시는 하나님만이 우리를 이 광야에서 가나안까지 인도하실 수 있는 분이기 때문입니다.

그러나 아이러니하게도 고통과 상실과 혼돈의 광야에 들어서 면 기도가 안 나옵니다. 몰아치는 비바람과 작열하는 태양이 두

뇌마저도 마비시켜버리는지 우리 몸은 그저 덜 아프고 덜 힘든 곳을 찾아가려는 감각적이고도 방법론적인 요청을 따라 움직일 뿐입니다.

그런데 그 요청을 따라가다 보면 우리 발은 끝내 더 깊은 수렁으로 들어갑니다. 그제야 우리는 이 광야까지도 지으신 창조주의 외부적 도움 없이는 죽을 수밖에 없는 우리의 실존과 마주하게 됩니다. "기도하지 않으면 죽는다"라는 E. M. 바운즈의 말이 우리의 리얼한 현실 진단임을 알게 되는 것입니다.

살며 배우며 기도하며 들으며

저는 오랫동안 기도하지 못하는 사람이었습니다. 삶의 진창에 치여 그럴 수밖에 없었던 세월이 참으로 길었습니다. 그러나 그때마다 성령께선 제게 끊임없이 외쳐주셨습니다. 그래도 기도해야지, 기도해야지, 기도해야지….

지하 10층 어딘가로 떨어져 낙상한 사람이 지상으로 돌아가기 위해 해야 할 일은 무엇일까요? 답은 하나입니다. 지하세계의 길을 훤히 아시는, 온 세상의 주인 되신 분께 도와달라 끊임없이 소리치는 일입니다. 마치 길 찾기를 하듯이 "오늘은 거기서 오른쪽으로 몇 발짝 움직여라" 하시는 분의 음성이 들려올 때마다 그 음성을 분별하고 순종하며 날마다의 삶을 살아가는 일입니다.

그러나 그렇게 살다 보면 어떤 날에는 기도에 회의가 찾아옵니다. 아무리 기도해도 지하 10층에서 지하 8층 정도로 옮겨졌을 뿐, 캄캄한 지하세계를 벗어나지 못하는 것은 여전해 보이기 때문입니다. 하나님이 살아계셔서 우리 기도를 들으신다면, 지하 10층에서 1층까지 단박에 올려주셔야 마땅하다는 자기만의 추론에 빠져 기도를 멈추게 되는 것입니다.

그래서 우리는 삶의 지점마다 하나님께 가서 기도의 불씨를 받아야 합니다. 사정이 이런데도 어떻게 기도를 이어갈 수 있는지, 기도가 무엇이길래 매일 기도하라 하시는지, 기도를 통해 하나님께서 우리에게 이루시려는 것은 과연 무엇인지, 기도할 힘은 대체 어떻게 얻을 수 있는지를 기도를 명하신 분께로 가서 직접 배우며 기도의 동력을 얻어야 합니다. 그야말로 '살며 배우며 기도하며 들어야만' 기도의 여정을 끝까지 수행할 수 있고 마침내 건짐 받는 은혜도 누릴 수 있습니다.

'항상' 기도할 때 인생의 '제자리'를 찾게 된다

저는 23세에 예수님을 처음 믿었을 때 '기도의 용사'가 따로 있는 줄 알았습니다. 하나님의 응답을 더 잘 이끌어 내는 특별한 기도 비법을 가진 사람은 따로 태어나는 줄 알았습니다. 그러나 오랫동안 기도 여정을 이어가고서야 그런 비법이 따로 없다는 것을 알았습니다. 인간 편에서의 어떤 특별한 기도 기술(방식의 차이)로 하나님의 기도 응답을 더 잘 끌어올 수 있다면, 그건 하나님과 인간의 주종관계가 바뀌었다는 말이 됩니다. 그런 하나님이 어떻게 진정한 하나님이 되실 수 있겠습니까?

그러므로 기도 응답의 비법을 빨리 찾아내려 애쓰거나 기도 잘하는 사람에게 가서 숟가락을 얹으려 하지 말아야 합니다. 그보다는 '기도가 진정 무엇인가?'를 배우려는 겸손한 자세로 하나님 앞에 직접 무릎 꿇는 날들을 이어가야 합니다.

자기애와 자기연민의 벽에 부딪혀 기도를 종종 멈춰야 했던 저 역시도 그와 같은 성령의 가르침을 묵묵히 따라가 보고서야 왜 끈질기게 기도해야 하는지를 알았습니다. 기도란 하나님께서 인생에 설계해두신 '제자리'와 같은 것이었습니다. 음식을 하려면 냄비를 가스 불 위에 올리고 컵은 물 떨어지는 자리에 놓아야 하듯이, 인간은 기도하는 자리에 갈 때라야 하나님으로부터 오는 생명을 공급받고 하나님이 계획하신 의도대로 살 수 있습니다. 피조물인 우리가 본래 있어야 할 제자리는 바로 '기도 자리'인 것입니다.

그런 면에서 긴 긴 광야에서 "항상 기도하라"라는 것은 우리를 향하신 하나님의 축복 명령입니다. 시간을 담보로 한 이 '항상'의 명령을 따라 기도할 때 하나님께서 의도하신 우리 삶의 제자리를 찾을 수 있습니다. 그 시간을 통해, 그렇게 기도하기 싫어했던(하나님을 떠나 살던) 습성에서 벗어나 기도의 사람(하나님과 연합된 사람)

으로 변화되는 축복을 얻습니다. 그래서 하나님께서는 한 가지 기도를 응답하시는 데 그리 긴 시간을 들이시는지도 모르겠습니다.

오랜 광야의 기도를 이어갈 불씨가 되길

이 책은 하나님께서 저를 이끌어 기도하게 하신 시간을 담았습니다. 출애굽 이후 광야로 들어선 뒤에 맞이한 고난 속에서 하나님께서 어떻게 저의 약한 두 손과 두 무릎을 붙잡고 기도하게 하셨는지를 고백했습니다. 10년, 20년, 30년 동안의 기도에 하필이면 지난 코로나 기간에 응답하신 일들도 담아보았습니다. 절박하게 기도해왔지만 하필이면 그때 거절당했던 일들도 수록했습니다.

이를 통해 저는 제 생각을 뛰어넘는 하나님을 발견하며 "응답되어 감사, 응답되지 않아도 감사"한 이유를 알게 되었습니다. 응답되지 않는 기도를 통해 더 큰 기도제목을 주신 하나님께 감사를 드렸습니다.

특별히 저는 오랜 환난에 치여 기도할 힘마저 잃은 이들에게 이 책을 바치고 싶습니다. 응답되지 않은 기도를 붙잡고 언제까지, 어떻게 기도를 이어가야 할지 알고 싶어 하는 이들에게 부족한 제 삶의 고백이 기도의 여정을 이어가는 데 작은 불씨가 되었으면 하는 바람입니다.

이번에도 책이 나오기까지 기도로 격려해주신 규장의 여진구 대표님과 편집부에 감사를 전합니다. 기도공동체인 규장에서 두 번째 책을 내게 되어 그럴까요? 특별히 얼마 전 하나님 품에 안기신 규장의 설립자 고 여운학 장로님이 그리운 날입니다. 25년 전 규장에서 근무할 때 저는 장로님을 통해 말씀과 기도의 모본을 보는 축복을 받았습니다. 어쩌면 제 영혼은 그때부터 결심했는지도 모르겠습니다. '나는 기도하기로 했다', '나는 말씀 보기로 했다'라고 말입니다.

주님과 함께 걷는 광야에서

한근영 사모

$contents$

Chapter 1

기도가
시작될 때

항복의 자리에서 나는 기도하기로 했다

기도를 부탁해

모두들 숨죽여 지냈다. 바람이 그러하듯 코로나19 바이러스가 어디서 어떻게 불어와 우리를 습격할지 아무도 예측할 수 없던 시절이었다. 교회가 전염병의 주범인 양 비치던 때라, 목회자 사모인 나는 혹여 내가 감염원이 되어 교회 이름을 매스컴에 올리게 될까 봐 극도로 주의하며 지냈다. 1주일 치 장을 보러 나갈 때와 수요예배, 주일예배를 드릴 때를 제외하고는 집에만 콕 박혀 살았다.

그러던 어느 날, 이웃 교회인 부평수봉산교회 김정 사모에게서 전화가 왔다. 팬데믹이 시작된 지 한 달여가 지난 2020년 3월이었다.

"사모님, 기도해줘."

그로부터 5년 전, 친구인 김정 사모는 난소암 4기 진단 속에 남아 있는 시간이 6개월 남짓이라는 판정을 받았었다. 그러자 친구는 인생의 남은 시간을 불평이나 절망으로 낭비할 수 없다는 듯, 기도해달라는 말 외에 다른 말을 하지 않았다. 치료 시점마다 가혹하게 펼쳐지는 삶의 환경을 탓하는 대신 그저 내게 이러러한 일이 있음을 알려오며 기도해달라는 애기를 할 뿐이었다. 내 입장에서 보자면 하나님께서 나를 기도의 자리에 앉히시려고 이 친구를 보내셨다는 느낌마저 들었다.

그러는 동안 김정 사모는 두 번의 대수술을 받았고 때마다 기적과 같은 길이 열려 5년의 시간을 버텨낼 수 있었다. 하지만 그간 림프 쪽과 골반 쪽에 암이 재발되면서 수십 번의 항암치료를 받아왔는데 이번에 패티 검사를 받은 결과 뇌 쪽에서 뭐가 보인다는 소식이 들려온 것이었다.

'뇌에서 뭐가 보인다고?'

그렇다면 그건 암이 뇌까지 전이되었다는 뜻일 수 있었다. 투병하는 동안 가장 우려했던 최악의 소식이었다. 그러나 그날도 김정 사모는 내게 같은 말을 해왔다. 확실히 알기 위해 며칠 뒤 뇌 MRI 검사를 받기로 했으니 그저 기도를 부탁한다고.

전화를 끊고 머릿속이 하얘졌다. '난소에서 시작된 암이 뇌까지 전이됐다면?' 불안과 염려의 줄기가 상상을 타고 뻗어나가려는 찰나, 하나님께 주파수를 맞추며 질문을 드렸다. '하나님, 어떻게 해요?' 그 순간 답은 명확하게 돌아왔다.

기도해야지!

내면에서 들려오는 이 한 마디를 붙잡고 자리에서 벌떡 일어났다. 애써 담담히 말했지만 혼자 울고 있을지도 모를 친구에게 가봐야 한다는 생각에 동네 마트에서 장을 본 후 운전대를 잡았다.

오후 2시쯤 김정 사모의 집에 도착해 보니 그 시각에야 친구는 두 딸과 함께 늦은 점심을 먹고 있었다. 어떤 순간에도 평정심을 유지하려는 평소의 모습대로 친구는 내게 "뭐 하러 왔냐?"라는 말을 담담히 해 왔다. '이런 거 안 해줘도 돼. 그저 기도를 부탁해'라는 표정이었다.

힘겹게 수저를 들던 친구는 딸들에게도 한마디를 건넸다.

"앞으로 엄마가 어떤 일을 겪어도 하나님은 선하시다는 사실을 너희들이 믿었으면 좋겠어."

17세, 20세인 두 딸이 조용히 고개를 끄덕였다. 그런 모습을 보며 나는 무슨 말을 해줘야 할지 몰라, 그저 싱크대에서 그릇을 달그락거리며 그 저녁에 온 가족이 먹을 반찬거리 몇 가지를 만들어줄 뿐이었다. 그런 뒤에 조용히 집을 나서려 하자 친구가 말했다.

"왔으면 기도해주고 가야지."

"기도? 집에 가서 할게."

"아니, 지금 해줘."

늘 그런 식이었다. 슬픔이나 당황스러움이 앞서서 하나님께 무얼 어떻게 구해야 할지 몰라 기도의 언어가 뒤죽박죽될 법한 때에도, 김정 사모는 그 상태 그대로 입을 떼어 기도해주기를 요청했다. 자신의 생사가 오직 하나님 손에 달려 있음을 믿는 사람답게, 기도만이 모든 치료의 실제적인 역할을 한다고도 고백해 왔다. 누군가의 기도 소리를 들을 때에야 자신의 영혼이 살아난다는 말도 종종 덧붙였다.

하지만 나는 김정 사모가 아픈 뒤로 '하나님, 낫게 해주세요, 도와주세요'라는 말을 반복해서 뱉은 터라 새삼 이 친구 앞에서 무얼 더 구해야 할지 알 수 없었다. 그래도 어쩌겠는가. 아픈 이의 단호한 요청 앞에 나는 현관으로 향하던 걸음을 멈추고 친구와 함께 무릎을 꿇었다. 역시나 번잡함과 당황스러움 속에서 기도를 드린 탓인지 기도의 맥이 잘 잡히지 않았다. 화살을 허공에다 어긋나게 쏘아 올리는 느낌이었다.

그런데도 친구는 기도할 때는 울었고 기도를 마친 뒤에는 눈물을 머금은 눈으로 활짝 웃어 보였다. "아멘, 할렐루야. 계속 기도를 부탁해"라고 말하며 나를 배웅했다.

눈물을 꾹 참고 집으로 돌아오는 길, 기도해야겠다는 한 가지 생각밖에 들지 않았다. 동시에 예수님을 믿은 지 30년이 다 되어 가는데 왜 나는 당황스러운 상황이 되면 기도할 때조차 종종 헤매는 것인지 이해가 안 됐다. 기도가 무엇인지 하나님께로 가서 처음부터 다시 배워야겠다고 다짐했다.

그것은 비단 김정 사모를 위해서만이 아니었다. 20년 넘게 아픈 내 남편과 10년째 불안장애를 앓으며 집에서 칩거 중인 큰아들, 코로나 시대에 수험생으로 분투하는 고3 작은아들, 아직 미자립 상태인 우리 교회, 여러 고통의 문제를 붙잡고 씨름 중인 교회 지체들, 《나는 같이 살기로 했다》 출간 이후 내게 연락해 기가 막힌 사연을 소개하며 기도를 부탁해온 사람들 등등, 나를 둘러싼 모든 환경이 내게 소리치고 있었다. 이제는 정말 기도의 자리로 가서 이 모든 일에 대한 하나님의 생각을 여쭤야 할 때라고.

갑자기 나는 중요한 사건의 목격자라도 된 양 비장한 마음이 들었다. 하나님의 자녀들이 겪는 이런 고통에 대해 하나님께서 과연 어떻게 움직이시어 모든 일을 처리하실지, 보고 듣고 적어야 한다는 사명감이 내 안에 뜨겁게 올라왔다. 그러려면 하나님께서 임하시는 지성소로 가서 그분께 구하고 여쭙고 그분의 말씀을 들어야 한다.

'그래, 골방으로 가자. 거기로 가서 받아 적자.'

십수 년 전부터 시작한 골방기도였지만 나는 다시금 마음을 다잡으며 기도하기로 결단했다. 팬데믹 시대, 총체적 난국이 나를 둘러싼 그때에 하나님께서 내게 명하여 가라 하신 곳은 다름 아닌 내 집의 작은 골방이었다.

기도의 불씨

삶의 불가항력적인 상황을 맞고서야 우리는 하나님을 구한다. 처음에는 어떻게든 내 힘으로 해결해보려고 안간힘을 쓰지만 아무리 애써도 이 난국에서 벗어날 수 없음을 깨달을 때, 아니 오히려 점점 늪에 빠져 감을 볼 때, 그제야 두 손을 들어 우리의 도움이 되시는 하나님을 바라보며 기도의 입술을 뗀다.

내가 산을 향하여 눈을 들리라 나의 도움이 어디서 올까 나의 도움은 천지를 지으신 여호와에게서로다 시 121:1,2

20여 년 전의 내가 그랬다. 당시 나는 네 살 난 아들을 위로 둔 채 둘째 아들을 임신한 풋내기 엄마였고, 부교역자인 남편을 따라 몇 년에 한 번씩 교회를 옮겨 다니는 부교역자 사모였다. 그런 상황에서 내가 믿고 의지하던 남편이 병원에서도 고칠 수 없다는 희귀 난치병에 걸리고 말았다. 남편은 말하자면 중추신경계의 교란으로 머리끝부터 발끝까지 24시간 통증에 시달리는 통증 증후군 환자가 되어버린 것이다.

발병 이후 남편은 더는 사역을 할 수 없을 만큼 무기력 상태에 놓여버렸다. 하루아침에 비장애인에서 장애인이 된 것도 같았다. 건강하던 때와 아플 때 펼쳐진 삶의 환경과 질이 너무 달랐기에 아내인 나는 어떻게 대처해야 할지 알 수 없었다. 그때부터 나는 24시간 초긴장 상태로 살아야 했다.

당황스럽기는 남편도 마찬가지였겠지만 그래도 그는 병든 몸을 안은 채 사역을 이어가려 했지 결코 사역을 접으려 하지 않았다. 부교역자로 사역하다 병이 발발했음에도 잠시 몸을 추스른 뒤 대전으로 자리를 옮겨 부목사로 사역했던 것은 그 때문이었다. 남편이 고통 속에서도 목회자의 길을 계속 가려 했기에 나는 더욱 삶이 버거웠다. 병들고 약해서 자기 자신조차 관리가 안 되는 처지에 다른 사람을 섬기고 챙겨야 하는 부목사의 자리를 어떻게 감당하려는지 알 수 없었다.

그래서 나는 남편을 하루라도 빨리 이 병에서 벗어나게 하려고 백방으로 애를 썼다. 매일 인터넷을 뒤적이며 병에 관한 정보를 찾았고 동시에 남편을 아기 다루듯 다루며 간호에도 전념했다. 병든 이후 소화도 못 시키는 남편의 식단 관리는 물론, 잠을 제대로 못 자는 남편의 수면을 돕기 위해, 더운가 싶으면 창문을 열었다가 혹여 추울세라 창문을 닫았다가 답답할까 싶어 다시 창문을 열었다가를 반복하는 식이었다.

그러나 그렇게 애를 써도 남편의 병은 나아질 기미가 보이지 않았다. 또한 남편은 매 순간 100미터 달리기를 하는 것 같은 나의 수고에도 별 감흥을 받는 것 같지 않았다. 돌아보면 그때 남편이 내게 무언가에 대해 고마워하거나 무언가를 요청하거나 했던 건

단 하나였다. 기도였다.

아프고 난 뒤로 말할 기운조차 없어 집에서는 거의 입을 다물었던 남편은, 내게서 "기도할게"라는 말을 들을 때 잠시나마 얼굴에 밝은 빛을 띠며 "고마워"라고 답해줬고, 가끔씩은 "이러이러한 일이 있으니 기도를 부탁해"라는 말을 먼저 건네기도 했다. 자신에게 필요한 건 오직 기도라는 것을 남편은 내게 말하고 있었다.

그럴 때면 나는 속으로 야속한 생각도 들었다. 어린 두 아들을 키우는 일과 남편 병간호는 물론, 가정경제를 위해 프리랜서로 출판사 일을 하는 것만으로도 허리가 휘고 머리가 터질 지경인데 기도의 짐까지 내 등에 얹어지는 것 같아서였다.

그때까지도 내가 기도를 고된 노동으로만 여기고 있던 탓이었다. 기도가 노동인 측면도 있지만 꺼져가는 생명의 숨결을 되살리는, 비할 바 없이 의미 있고 행복한 노동이란 것을 그때까지도 나는 모르는 사람이었다.

그럼에도 나는 기도를 이어갔다. 기도 외에는 현실을 이겨낼 방법이 아무것도 없어서였다. 그래서 나는 아이들까지 다 재운 깊은 밤마다 눈꺼풀이 천근만근 내려앉는데도 담요 하나를 들고 베란다로 향했다. 내 서러움과 슬픔과 고통을 쏟아내며 홀로 울 수 있는 공간은 외풍이 차갑게 휘몰아치는 그곳밖에 없었다. 그렇게 나는 나만의 골방기도를 시작했다. 내 나이 서른둘, 지금으로부터 20여 년 전의 일이다.

골방기도가 멈춰진 건 그로부터 몇 년이 지난 뒤였다. 의정부에서 대전, 대전에서 인천으로 교회를 옮겨 다니며 위태롭게 사역하던 남편의 건강이 악화될 대로 악화되어 도저히 사역할 수 없는 지경에 이르러서 집에서 요양해야 하던 무렵이었다.

그때 나는 기도에 대한 무력감에 젖어들었다. 거의 종일 누워 지내는 남편, 집안에서조차 앉았다 일어서면 아찔한 현기증에 벽을 짚고 다니는 남편을 보며 내 심신도 쇠약해질 대로 쇠약해져 버렸다. 그간 남편과 함께 교회를 섬기며 철야기도나 새벽기도에 앞장서 나가던 영적 기백도 내게서 다 사라져버렸다.

그러던 어느 여름날, 신문에서 한 책 광고를 보게 되었다. 《고맙습니다 성령님》(손기철, 규장)이라는 책이었다. 그런 느낌을 어떻게 설명해야 할까. 광고를 보는 순간, '이 책이다, 이 책을 읽어라' 하시는 하나님의 손짓이 느껴져 나는 당장 서점에 가 그 책을 사 와서 단숨에 읽어 내려갔다.

그러나 책을 읽었다고 병과 가난과 무기력과 혼돈에 휩싸인 우리 집 환경이 달라진 건 아니었다. 다만 어디선가 기도의 불씨 하나가 내 안에 날아 들어와 나를 다시 기도 골방으로 이끌었다는 것이 내게 일어난 작은 변화였다.

그 책의 어떤 내용이 내 심령에 기도의 불길을 일으켜주었을까. 오래된 일이라 잘 기억나지 않는다. 그저 책을 읽고 난 뒤 다시 기도해야겠나는 생각에 붙들려, 그날 밤 창고 방에 들어가 오랫동안 굳었던 입을 떼고 방언으로 기도했던 일이 떠오를 뿐이다.

그때 나는 한 가지를 깨달았다. 기도가 호흡이라는 사실이었다. 나는 마치 숨이 꺼져가다가 급히 산소 호흡기를 대자 숨을 편안히 쉬게 된 환자 같았다. 오랫동안 끊겼던 기도를 30분 정도 드린 뒤에야 나도 모르게 후, 하고 긴 숨이 내쉬어졌다. "이제야 좀 살 것 같다"라는 말이 절로 나왔다. 공기 혼탁한 도시에서 살던 폐병 환자가 내 고향 제주도의 숲속에서 맑은 공기를 들이마신 심경이었다.

이후에도 나는 기도가 멈춰질 때마다 기도의 사람들이 쓴 여러 책을 보며, 또 그해 남편이 개척한 담트고길닭는교회(이하 담길교회) 공동체 기도모임에 참여하면서 기도의 명맥을 이어갈 수 있었다. 10년, 20년 고난의 터널을 지나는 동안 비록 기도의 장작불을 활활 태우는 때는 많지 않았을지언정, 수많은 기도의 사람들로부터 때마다 기도의 불씨를 건네받은 덕분에 그 오랜 세월 동안 기도의 불을 꺼뜨리지 않을 수 있었다. 돌아보니 때를 따라 내게 건네준 그 작은 기도의 불씨들이 나와 우리 가족을 지켜내고 있었다.

기도가 뭐길래

기도해야 할 때는 언제일까?

기도는 언제나 해야 한다. "쉬지 말고 기도하라"(살전 5:17) 하신 말씀대로, 예수님은 우리에게 항상 기도할 것을 명하셨다. 기도는 마치 호흡과 같기 때문이다. 삶의 모든 순간, 하나님으로부터 오는 생명을 들이마시고 나를 주님께 고백하며 내뱉는 들숨과 날숨을 지속해야만 그리스도인으로서 건강한 삶을 살아갈 수 있다.

그런데 그중에서도 정말 다급하고도 집중적으로 기도에 전념하지 않으면 안 될 때가 있다. 고난당할 때다. 고난 중에는 하나님을 향해 외치고 부르짖으며 그분에게서 오는 도움을 받아야만 산다. 그렇지 않으면 입 안으로 들이닥치는 파도 거품만 들이키다가 호흡을 못 해 죽을 수도 있다.

너희 중에 고난 당하는 자가 있느냐 그는 기도할 것이요… 약 5:13

내게 새겨진 고난의 기억 중 하나는 어린 날 동네 친구들과 바닷가 방파제에서 놀다가 발을 헛디뎌 포구 앞바다에 빠졌던 일이다. 수영할 줄 모르는 일곱 살 아이였던 나는 물에 빠짐과 동시에 바다 밑바닥으로 꼬꾸라져 들어갔고, 살기 위해 수면 위로 몸을 띄워 솟구쳤다. "언니가 물에 빠졌어. 구해줘, 구해줘!"라고 외치는 사촌 동생, 무슨 일이 일어나는지도 모른 채 조업에서 돌아와 그날의 생선 시세만을 얘기하는 저 멀리 계신 어부 아저씨들, 무얼 어떻게 해야 할지 몰라 발만 동동 구르는 동네친구 몇이 그 순간 한눈에 들어왔다.

나는 살아볼 양으로 두 손을 위로 치켜 올리며 "살려주세요"를 외쳤지만, "살려달라"라는 말을 뱉는 시간보다 나를 물속으로 빨아 삼키는 물의 압력이 훨씬 크고도 빨라서 "살려"라고 말하다 물속에 쑥 빠져버리고, 나중엔 "살"이라고 외침과 동시에 짠 물이 입 안으로 들어오면서 다시 물속으로 빨려 들어가곤 했다.

고난의 때도 이와 같지 않을까. 하나님을 향해 "도와주세요"라고 힘차게 외쳐야 함에도 불구하고, 주님께 부르짖는 기도의 힘보다 그 기도를 가로막는 삶의 저항들이 훨씬 커서 기도할 힘이 점점 소진되어 버리는 때.

그래서 고난의 때는 중보기도가 큰 힘이 된다. "하나님, 여기 제 친구를 보세요. 도와주세요"라고 고하는 누군가의 중보기도가 있다면 재난당한 자가 구원받는 데 결정적 역할을 해줄 수 있다. 당시 여섯 살 난 내 사촌동생이 그 역할을 제대로 해주었다. "어떡해! 우리 언니 물에 빠졌어!"라는 동생의 외침에 저쪽에서 놀던 열한 살 동네 오빠가 달려와 물에 빠진 나를 단숨에 구해주었다.

그 구원자(?) 오빠의 도움으로 살아난 나는 그 뒤 대학생이 되어 고향을 떠나왔다. 그리고 대학교 4학년 초에 예수님을 만나 중앙대 기독학생연합회(CUSCM)라는 공동체를 통해 중보기도, 통성기도, 방언기도, 연합기도, 골방기도 등을 열심히 배우며, 하나님께 구하는 자의 기도가 응답되는 것을 생생히 경험했다. 때로는 "도와주세요"라는 말이 채 끝나기도 전에 응답이 와서, 기도가 이렇게 좋은 것인데 왜 사람들은 기도하지 않을까 의아하기도 했다.

기도가 참 쉽게 느껴지던 시절이었다. 그저 어린아이처럼 하나님을 의지하며 도와달라고만 하면 그분은 모든 기도에 빠짐없이 응답해주시는 분이라 느껴졌다. 당시 2주에 한 번씩 밤을 꼬박 새우며 기도하는 철야기도회에서 드렸던 모든 기도에 하나님께서 다 응답하셨다고 간증하며 대학을 졸업할 정도였다.

그러던 내가 기도에 어려움을 느낀 것은 사랑하는 사람을 만나 달콤한 신혼을 보낸 뒤에 감당하기 어려운 고난을 차례대로 맞이하면서부터였다. 당시 우리가 맞이한 고난은 어린 날 방파제 앞바다에 빠졌다가 건짐 받은 사건에 비할 바가 아니었다. 마치 우리 가족이 탄 배가 통째로 난파되어 물자가 부족한 외딴 섬에 갇힌 것 같은 고난이었다. 그 고난 앞에 우리 가족은 시간이 갈수록 병들어갔고 배고팠으며 외로웠고 무서움에 떨었다. 교회에서 배운 그대로, "하나님, 구조선을 보내주세요"라고 기도했지만, 하나님은 10년, 20년의 세월 동안 우리를 그 섬에 그대로 두시는 것만 같았다.

그러면서 나는 점점 기도가 어렵게 느껴졌다. 그저 단순하게 "하나님, 도와주세요"가 아니라 하나님을 감동시키는 다른 어떤 멋진 표현을 찾아 읊조려야만 하나님께서 도와주실지 모른다는, 기도에 대한 '혼선'도 찾아들었다. 남편에 이어 큰아들마저 열두 살 때부터 불안장애를 앓으면서 학교도 가지 못하고 집에서 지내야 했을 때는 내게 급성우울증이 찾아와 다시 기도가 멈춰지기도 했다.

그러나 그런 위급상황에서 나는 1시간 기도 후에 단박에 고침을 받는 은혜를 경험했다(이 일도 앞 책 《나는 같이 살기로 했다》에서 구체적으로 소개했다).

하지만 고침을 받고서도 내 안에 잠재된 트라우마가 남아 있어서인지, 기도하려고 하면 머릿속에 돌덩이가 채워진 듯 아무 생각이 안 나거나, 때로는 혼미한 안개 속에 휩싸인 듯 탄식의 언어만이 나올 뿐이었다. 스스로 생각하기에, 나는 응답받는 기도의 비결을 모르고 기도를 잘할 줄 몰라 이런 고통 속에 헤매고 있다는 생각마저 들었다. 고난의 세월 속에서 기도에 관해 오해가 점점 쌓여만 갔다.

하지만 그런 중에도 내 안에는 하나님에 대한 신뢰가 희미하게나마 변함없이 자리하고 있었다. 하나님 아버지는 결코 우리를 내버려 두지 않으시고 그분의 손길로 돌보시다가 내가 알지 못하는 때에, 내가 알지 못하는 방법으로 최종 승리를 우리에게 안겨주실 거라는 믿음이 내게 겨자씨만큼 자리했던 것이다. 자녀를 향한 하나님 아버지의 절대적 사랑에 대한 믿음이었다.

진실로 너희에게 이르노니 만일 너희에게 믿음이 겨자씨 한 알 만큼만 있어도 이 산을 명하여 여기서 저기로 옮겨지라 하면 옮겨질 것이요 또 너희가 못할 것이 없으리라 마 17:20

그 믿음 때문인지 이 말씀을 볼 때마다 나는 소망했다. 내 믿음이나 기도는 겨자씨 한 알만큼 미약하지만, 내 아버지 되시는 우리 하나님은 이 작은 믿음의 소유자인 나를 불쌍히 여기서서 언젠가 반드시 이 산을 명하여 여기서 저기로 옮겨지는 기적을 실제로 내 앞에 펼쳐 보이실 거라고….

그러나 그런 믿음이 일상으로 주욱 이어진 것은 아니었다. 많은 날, 많은 시간 동안 나는 슬퍼하고 낙심하며 살았다. 특히나 고난 중에 헤매는 나 자신의 부족함을 주목해 바라보다 보면, 구원의 날이 영영 올 것 같지 않은 예감으로 비탄에 빠지기도 했다.

오랜 세월, 폭풍우 몰아치는 광야를 지나 본 사람들은 안다. 폭우 속에 시야가 가려지고 전진해야 할 발은 진흙 속에 푹푹 빠지며 손 맞잡은 사람들은 회오리바람을 이기지 못해 어디론가 날아가 버릴 듯한 그런 시기를 맞으면, 우리 입에서 가장 많이 나오는 것은 우렁찬 믿음의 기도보다 탄식과 절규와 욕설이라는 것을.

그래도 하나님은 그런 우리를 믿음 없다고 나무라거나 왜 정자세로 거룩하게 앉아 기도하지 않냐고 책망하지 않으신다. 오히려 끊임없는 탄식과 욕설을 내뱉는 삶을 살아가면서도 자신의 믿음 없음을 회개함과 동시에, 하나님께 눈을 맞추며 도와주시길 끊임없이 간청하는 세리와 같은 이들에게 진실한 기도를 드렸다고 칭찬하는 분이시다(눅 18:10-14). 하나님은 그런 이들에게 하나님의 완전한 때인 카이로스의 시간이 이르기까지 인내하며 견딜 힘을 부어주신다.

메마른 고난의 땅을 건널 때 하나님께서 부어주시는 기도의 1차적인 축복이란 이런 것이 아닐까. 고난을 견디는 힘! 기도를 통해 그 힘을 받을 수만 있다면 우리는 10년이고 20년이고 견뎌낼 수 있고, 그렇게 견뎌낼 수 있다면 하나님의 때에 하나님께서 보내주신 구조선을 타서 구원받는 날을 맞이하게 된다. 하나님을 바라며 기도하는 자에게는 언젠가 큰 산이 옮겨지는 날이 도래하고야 만다.

그러나 끝까지 견디는 자는 구원을 얻으리라 마 24:13

그래서 우리는 고난 중에도 기도해야 한다. 기도할 수 있다면 견뎌낼 수 있고, 견뎌낼 수 있다면 반드시 하나님께서 주시는 최후승리를 얻을 날이 오기 때문이다.

동행이 기도다

기도란 무엇일까? 기도가 무엇이길래 기도할 때 고난을 견뎌낼 힘을 받고, 마침내 하나님께서 보내주시는 구조선을 타게 되는 것일까?

내가 기도의 개념을 구체적이고도 현실적으로 알게 된 때는 '예수동행운동'에 참여하면서부터였다. 집에서 1년 넘게 요양하던 남편이 아픈 몸을 안은 채 작은 우리 집에서 '담길교회'를 개척한 지 3년쯤 지날 무렵이었다. 우리 가족 빼고 교인이 약 열 명 남짓이었던 그즈음, 남편은 선한목자교회 유기성 목사님이 주창하시는 '예수동행일기'에 모두 참여하자고 적극 권해왔다.

그때 나는 하나님께서 왜 한국 교회에 예수동행운동을 일으키시는지 잘 알지 못했다. 그럼에도, 권하면 뭐든 잘 따라가는 내 성격상 담임목사인 남편의 권유를 적극적으로 받아들였다. 예수님과 24시간 동행하기 위해 예수님의 이름을 10분마다 5분마다 불러가며 주님을 의식하고 사는 훈련에 참여했고, 날마다 '예수동행일기'를 쓰는 일에도 누구보다 열심을 냈다.

그러나 나는 그때까지도 '동행'이라는 단어를 좋아하면서도 그 단어를 온전히 내 것으로 누리며 살지 못하고 있었다. 먼저는 남편과의 관계에서 그랬다.

남편과 만나 결혼한 이후, 한동안 우리는 남부럽지 않게 알콩달콩 동행의 행복을 누리며 사는 듯했다. '부부가 동행하는 게 뭐 별건가? 이렇게 사는 것이 동행이지'라는 자만심도 들어왔다. 하지만 남편이 아프고 삶의 양상이 전격적으로 달라지면서, 내가 누군가와 동행하는 일에 얼마나 서툰 사람인지 알게 되었다.

극심한 통증에 시달릴 때마다 내가 건네는 말에 대답조차 해주지 못하는 남편을 보면서 나도 차츰 남편과 소통하는 일에 수동적이 되어갔다. 아이들 양육 문제며 내 속에서 일어나는 갈등과 아품을 남편에게 상의하지 않고 나 혼자서 끙끙대며 처리하는 시간이 많아져 갔다. 겉으로는 아픈 남편을 잘 챙기는 아내였지만 사실은 남편과 적극적으로 동행하지 않고 혼자서 살아가고 있었던 셈이다.

아마도 남편은 그런 나를 보며, 자신으로 인해 고생하는 아내에게 미안하면서도 남편과 상의해주지 않는 것에 대해 서운함을 느꼈을 것이다. 고난 속에서 부부가 진정으로 소통하며 동행한다는 것이 어떤 것인지 알 길이 없던, 참으로 난감한 시절이었다.

그러던 차에 예수동행일기를 쓰면서 내가 처음 깨달은 사실은 하나님과 나와의 관계도 마치 우리 부부 관계처럼, 고난의 세월 속에서 소통이 어려워지고 서먹해졌다는 사실이다. 겉으로는 늘 하나님을 예배하며 주님의 이름을 부르고 있었지만 사실은 주님과 나 사이에 마음과 마음이 통하는 친밀한 사귐이 사라진 지 오래였다.

예수동행훈련을 위해 5분마다, 10분마다 "주님…" 하고 불러보면, 마치 유령부부 사이에서 "여보…"라고 불러도 아무런 감흥이 없는 것처럼, 내 입에 주님의 이름이 감기지 않았다는 것이 그 증거였다. 그럼에도 불구하고 예수동행운동을 포기하지 않았던 것은 나를 붙들어 주시는 하나님의 크신 은혜였다.

나는 담길교회의 일원으로서 남편에게 성경을 배우는 동안, 우리가 하나님과의 동행을 원하는 것보다 하나님께서 우리와 동행하기를 더욱 원하신다는 사실을 알게 되었다. 우리가 믿는 여호와 하나님이 어떤 분이신가? 그분은 세상을 창조하기만 한 채 하늘 저 멀리에서 팔짱을 끼고 우리가 잘하나 못하나 두고만 보시는 이신론적 신(神)이 아니시다.

성경에서는 하나님께서 인간을 창조하신 목적부터가 성부, 성자, 성령의 삼위일체 하나님께서 나누시는 완전하고도 완벽한 그 사랑을 인간과 나누시기 위함이라 알려준다. 하나님께서는 심지어 그 사랑을 나누시려고 인간의 몸을 입고 우리를 찾아오기까지 하셨다. 그분이 바로 성육신하신 임마누엘 예수님이시다.

> 보라 처녀가 잉태하여 아들을 낳을 것이요 그의 이름은 임마누엘이라
> 하리라 하셨으니 이를 번역한즉 하나님이 우리와 함께 계시다 함이라
> 마 1:23

그런데 예수님은 인간의 육체를 입고 인간으로 이 땅에 오신 분이라서 우리가 겪는 모든 슬픔과 고통을 체휼하실 수 있다. 또한 그분은 하나님이시기에 우리를 가장 좋은 길로 인도하시며 도와주실 능력이 충분하시다. 즉 우리가 믿는 예수님은 우리를 도우시려고 우리 곁으로 찾아오셨기에 우리와 동행하기를 간절히 바라신다.

그런 면에서 참된 신앙이란 매 순간 하나님이신 예수님과 동행하며 그분과 친밀히 교제하고 사랑을 나누는 신앙이라 말할 수 있다. 기독교 신앙의 핵심은 하나님과의 동행인 것이다!

예수동행운동에 참여하던 그 무렵, 나는 이 사실을 확인하며 예수동행일기, 다른 말로 '기도일기'를 쓰는 일을 계속하게 되었다. 기도일기를 쓰다 보면 하나님과 멀어져 어색했던 내 마음이 차츰 주님께로 집중하게 되면서 애초에 주께서 나를 지으시며 의도하셨던 주님과 나와의 친밀한 사귐(요일 1:3)이 이루어짐도 경험할 수 있었다.

그러는 동안 '기도'가 무엇인지 조금씩 알아갔다. 우선은 하나님과 동행하며 그분과 나누는 모든 '교제와 사귐'이 넓은 의미의 기도였다. 이런 기도, 즉 그분과 마음을 나누며 의사소통을 하는 동행의 삶이 이루어지면 골방에서, 혹은 공동체로 모여 소원을 아뢰고 구하는 '간구'도 더욱 힘차게 할 수 있다.

그래서 나는 훗날 《팀 켈러의 기도》(두란노)라는 책을 읽으며, 기도의 개념에 관한 저자의 정의에 절로 고개가 끄덕거려졌다. 팀 켈러 목사님은 "기도가 무엇인가?"라는 질문 앞에 전통적으로 두 가지 개념이 있음을 말한다. 하나는 하나님의 사랑을 만끽하는 그분과의 '교제'의 기쁨이고, 또 다른 하나는 하나님나라를 너와 나의 삶에 이루려는 '간구'(악을 밟아 이기신 주님을 바라보는 힘겨운 싸움)이다.

그런데 하나님은 우리에게 이 두 가지 중 하나만을 선택해서 기도하라고 말씀하신 적이 없으시다. '하나님과의 교제와 간구'라는 두 가지 측면이 함께 있는 자리가 바로 기도이기 때문이다. 그런 면에서 팀 켈러 목사님은 어떻게 해야 그 기도 자리를 의무가 아닌 기쁨으로 다가가는가를 중요한 문제로 다룬다.

나는 예수동행운동으로 날마다 하나님과 교제하기를 연습하고, 또 그 훈련의 과정을 기도일기에 적으며, 또 그 후에는 교회로 모일 때마다 집중적으로 간구하기를 이어가면서, 나도 모르는 사이에 기도가 차츰 의무가 아닌 기쁨으로 다가옴을 느낄 수 있었다. 주님과의 동행이 이루어지면 참된 간구로 이어지고, 참된 간구가 있을 때 하루 24시간 주님과의 교제가 살아난다는 것을 하나님께서는 오랜 세월에 걸쳐 내게 알려주셨다.

2012년 3월 23일
기도하기 전과 기도한 후에

사랑의 주님.

철야기도회가 있는 날입니다. 비가 와서 그런지 모두들 바쁜 탓인지 오늘따라 몇 사람 모이지 않았습니다. 저는 예배당 맨 뒷자리에 앉아 "구주를 생각만 해도 내 맘이 좋거든 주 얼굴 뵈올 때에야 얼마나 좋으랴"라는 찬송을 따라 불렀습니다. 그 곡을 부르는데 주님께서 물으시는 듯했습니다.

"근영아, 너는 어때? 너는 내 생각만 해도 마음이 좋니?"

"네? 그…럼…요."

주님을 사랑한다는 제 고백에 왠지 힘이 들어가 있지 않음을 느끼며 눈길을 다른 데로 돌렸습니다. 앞자리에 앉은 혜정 자매와 한나 자매가 연신 휴지로 눈물을 닦는 모습이 보이더군요. 찬송가 곡조를 따라 몸을 흔들며 소리 없이 눈물을 닦는 두 청년…. 그 모습에 왠지 모를 눈물이 제 눈에서도 주르륵 흘러내렸습니다.

찬송을 부른 후 출애굽기 4장 1-9절 말씀이 선포되었습니다. 모세를 부르시어 애굽으로 가서 나의 백성을 탈출시키라 명하시는 하나님. 그러나 40년 동안의 광야 생활에서 모든 젊음과 지식과 꿈과 능력을 다

상실한 80세의 모세는 그와 같은 하나님의 말씀에도 자기 생각을 버리지 못한 채 애굽인들과 이스라엘 백성들이 자기 말을 듣지 않을 거라고 주장합니다. 하나님께서는 할 수 있다 하시는데 모세는 할 수 없다 말합니다. 그러자 하나님께서 모세에게 물으십니다.

네 손에 있는 것이 무엇이냐 그가 이르되 지팡이니이다 출 4:2

오늘 말씀의 포인트는 바로 이 '모세의 지팡이'였습니다. 목사님은 모세의 실제 지팡이가 거의 마른 막대기 정도의 수준이라고 말합니다. 영화에서 봤던 것과 달리 그냥 보통 할아버지들이 짚고 다니는 그런 지팡이일 뿐 아니라, 오히려 그것보다 더 다듬어지지 않은 그저 평범한 마른 막대기라는 것입니다. 하나님께선 그와 같이 볼품없는 지팡이, 마치 모세의 처지를 상징하는 듯한 그런 지팡이를 주목하도록 하십니다.

여호와께서 이르시되 그것을 땅에 던지라 하시매 곧 땅에 던지니 그것이 뱀이 된지라 출 4:3

이스라엘을 향한, 그리고 모세를 향한 하나님의 약속을 이루실 때 하나님의 능력을 나타내 보이는 도구는 애굽의 궁에서나 쓰는 화려한 지팡이가 아니라 광야 생활에서 쓰는 마른 막대기였습니다. 마치 40세의 젊고 능력 있는 모세를 부르신 게 아니라 80세의 늙고 무능한 모세를 불러 하나님의 놀라운 일들을 행하셨듯이 말입니다.

여기까지 설교를 들으며 저는 마른 막대기 같은 저 자신을 돌아보지 않을 수 없었습니다. 아니, 스스로 마른 막대기 같다 여기며 이제는 더 이상 꿈꾸지도 않고, 더 이상 소망을 품지도 않았던 제 모습을 발견하게 되었습니다.

오랜 광야 생활에서 더 이상 헛된 꿈일랑 꾸지도 말자고 생각했던 걸까요? 남들 앞에선 방그레 웃으며 다니기도 했지만, 사실 제 심연의 깊은 곳에는 마귀가 심어준 허무주의와 깊은 좌절이 똬리를 틀고 있었습니다. 저는 저 자신을 시들어버린 꽃처럼, 혹은 이젠 더 이상 날지 못하는 날개 꺾인 새처럼 여기고 있었습니다. 아무도 알지 못하는 우울증의 늪에서 여전히 헤매고 있었습니다.

그런데 모세가 바로 그런 상태였습니다. 그는 더 이상 애굽의 왕자가 아니라 늙고 초라한 광야의 한 노인이라는 사실에만 붙들려 살고 있었습니다. 그런 모세를 향해 하나님께서는 "네 손에 들린 지팡이를 던지라" 하십니다. 그리고는 그 지팡이가 변해 뱀이 되게 하십니다. 하나님의 하나님 되심을 나타내는 데에는 낡고 초라한 지팡이가 문제되지 않음을 그렇게 보여주셨던 것입니다.

사랑의 주님.

이 말씀을 들은 후 기도시간이 되자 목사님의 인도를 따라 나를 내려 놓고 기도했습니다. 내게 있는 볼품없어 보이는 모든 것들도 하나님의 손에 들리면 하나님의 역사를 이루는 데 아무 문제 될 것이 없음을 믿음으로 고백하며 아뢰었습니다.

"주님, 저의 우둔한 머리도 주님 앞에 던집니다. 자꾸만 불안하게 뛰는 저의 심장도 주님 앞에 던집니다. 주름진 제 얼굴도, 힘없이 늘어지는 저의 시간들도, 흐느적거리는 저의 건강 상태도 다 주님 앞에 던집니다. 한 치 앞도 알지 못하는 저의 평생 계획도, 초라한 경제력도 다 주님 앞에 내던집니다. 모세가 지팡이를 주님 앞에 던졌듯, 저도 그렇게 던집니다. 그리고 믿습니다. 주님 앞에 제 모습 그대로를 내던지면 이제 더 이상 이 모든 게, 나를 향하신 하나님의 약속을 이루는 데 아무 문제 될 게 없다는 것을요. 남편이 아픈 것도, 우리 아이들의 부족한 모습들도, 저의 초라한 능력도 문제 될 게 없음을 믿습니다. 그 모든 것들이 주님 손에 들리면 기적이 될 것이기 때문입니다. 하나님의 하나님 되심을 드러내는 도구가 될 것이기 때문입니다."

기도하는 즉시 주님께서 응답해주신 것일까요? 기도를 끝낼 무렵, 제 안에 참으로 오랜만에 생에 대한 의욕과 희망이 차올랐습니다. 그저 걸어가야 하니까 할 수 없이 한 걸음 한 걸음 걷는 그런 걸음이 아니었습니다. 가나안을 향해 진군하듯 한 걸음 한 걸음을 소망 가운데 걸으리라는 약진하는 마음이 기도 후에 제게 찾아들었습니다. 설명할 수 없는 일들이 오늘 제 내면에서 일어나고 있었습니다.

우리 인생의 열매를 친히 이루신다고 오늘 철야예배 가운데 말씀해 주신 주님이 계시기에 오늘도 저는 주 안에서 살아났습니다.

Chapter 2

잘 먹어야
따라오지

원수의 목전에서 나는 기도하기로 했다

기도할 수 없다면

　사람의 처지가 아무리 곤궁해도 기도하면 산다. 기독교 역사가 이를 알려주고 성경이 이를 확증해 준다. 나 역시 그것을 경험하는 세월을 살았다. 똑 떨어지게 응답받는 기도가 아니더라도 하나님과 소통하는 기도가 이루어지면서 좌절과 슬픔을 딛고 일어나 생존의 걸음을 뗄 수 있었다.

　그러나 나를 포함한 누군가, 끊임없이 불어오는 세파(世波)에 치여 기도할 체력마저도 방전되는 시점에 서면 어떻게 될까? 오랜 고난의 세월, 기도해도 달라지는 것은 없어 보이고 이대로 가다간 망할 것 같은 두려움에 휩싸이면서 하나님을 향하던 초점이 흐려져 갈 때, 그럴 때는 어찌해야 할까?

어떤 이유에서든 기도가 멈춰지는 순간, 우리는 영에 대한 감각이 둔해지면서 나를 당장에 위로해줄 세상의 것들을 찾게 된다. 그 결과 그것이 종내 덫이 되어 우리를 삼켜버린다. 고난이 우리를 망하게 하는 것이 아니라 염려로 인해 우리가 찾은 다른 것들이 우리를 망하게 하는 것이다.

너희는 스스로 조심하라 그렇지 않으면 방탕함과 술취함과 생활의 염
려로 마음이 둔하여지고 뜻밖에 그날이 덫과 같이 너희에게 임하리라
눅 21:34

그래서 기도에 관한 많은 책에서 한결같이 강조하는 바가 기도의 지속성이다. 기도에서 가장 중요한 것은 기도를 단발로 끝내지 않고, 비가 오나 눈이 오나 바람이 부나 기도를 계속 이어가면서 기도의 사람이 되는 데 있다고 말한다. 맞다. 기도를 계속 이어가야만 언젠가 문제가 돌파되고 우리 자신이 기도의 사람으로 변화되는 축복을 누릴 수 있다.

그러나 응답이 없는데 어떻게 기도에 대한 동기부여를 받으며 기도의 사람으로 성장해 갈 수 있을까? 두드리고 두드려도 문이 열리지 않는다면, 그때부터 사람은 두드리다 지친 팔의 통증을 달래줄 무언가가 없나 주변을 기웃거릴 수밖에 없다. 성령으로 시작했지만 결국엔 육체로 마치는(갈 3:3) 일이 괜히 일어나는 것이 아니다.

담길교회를 개척한 지 몇 년이 지났을 때 나는 또다시 그런 상태를 맞이했다. 죽을힘을 다해 기도했지만 남편의 건강 상태는 여전히 위태로워서 '이번 주 주일예배 강단에도 못 서면 어떡하지?'라는 염려가 한 주도 빠짐없이 찾아들었다. 정상적이지 않은 체력을 가지고 목회의 명맥을 이어가는 남편을 보며 나도 아이들도 불안감에 시달릴 수밖에 없었다.

그래서였을까. 교회 개척 1년 뒤에 12살 큰아들에게 불안장애가 찾아왔고, 이후 어렵게 중학교에 들어간 뒤에는 병이 더욱 악화되어 한 학기 만에 학교를 그만두고 검정고시로 중학 과정을 마쳐야 했다. 2,3년 뒤에 시작된 고등학교 과정도 같은 패턴을 반복하다가 결국 아들은 집에만 머물러야 했다. 잠에 대한 강박이 점점 심해져 잠들기를 힘들어하고 잠에서 깨어나기를 힘들어하기도 했다. 그 때문에 우리 집의 아침과 밤 풍경은 언제나 불안하게 출렁거렸다.

그런 분위기가 작은아들에게도 영향을 미쳤는지 이 아들도 초등학교 2학년이 되자 몸이 아프다며 자꾸 학교에 빠지려 했다. 어느 날인가는 학교 선생님이 전화를 걸어와 이렇게 전하셨다.

"숙제가 많은 날에는 아이가 일부러 학교에 안 오는 것 같아요. 아이에게 신경을 좀 쓰셔야겠어요."

어디를 둘러봐도 우리 가정의 미래는 암담해 보였다. 나는 나대로 건강 상태가 계속 나빠져 어느 해에는 걷기조차 힘들 만큼 디스크가 심하게 파열되면서 허리 수술을 받았고, 어느 해에는 밥을 삼키기도 힘들 만큼 위궤양이 심해져, 건강검진 중에 간호사로부터 "이렇게 홀쭉한 배는 처음 봤다"라며 우려 어린 시선을 받기도 했다. 1시간 거리의 병원에 갈 때마다 찾아드는 극심한 멀미에도 택시비가 아까워 버스를 타고 다녀야 하는 가난도 우리에겐 일상이었다. 한 가지씩만 짐이 덜어져도 기도를 지속할 힘을 얻겠는데, 해가 갈수록 하나둘씩 더해 얹어지는 고통의 무게에 나는 점점 두 손 들어 간구할 힘을 잃어갔다.

이대로 가다간 기도의 불씨가 곧 꺼질 판이었다. 기도할 힘마저 소진되었다는 것이 이런 거구나 싶었다. 아침에 눈을 뜨면 오늘 하루 온전히 살아낼 수 있을까를 염려할 정도로, 하루의 중간중간 체력도, 하나님을 바라볼 힘도 방전되어버리던 시절이었다.

그런 나를 하나님께서 불쌍히 여기셨던 것일까. 때를 맞춰 하나님께선 남편을 통해 담길교회에 말씀 운동을 일으키셨다. 두어 해 전 '예수동행일기'를 쓰자고 권하던 남편이 이번에는 '말씀 통독'을 적극 권해온 것이다.

남편은 나를 비롯해 갖가지 고난으로 분투 중인 교인들에게 성경을 창세기부터 요한계시록까지 읽고 또 읽어보자고 외쳤다. 이를 위해 성경공부 시간에 성경의 흐름을 가르쳐주고, 성경 음원을 빠르게 들을 수 있는 속청독 방법도 알려주면서, 말씀 읽을 시간이 나지 않으면 일하면서 귀로라도 들으라고 다독였다.

이번에도 나는 모범생 기질을 따라 교회의 권유에 앞장서 순종했다. 예수님을 처음 믿었던 청년 시절부터 QT를 하며 성경을 몇 번 통독하긴 했지만, 사실상 성경을 샅샅이 읽으며 연구해본 적은 없다는 부끄러움도 한몫했다. 교회 사모라는 사람이 성경에 관한 질문을 받다가 우물쭈물 답을 제대로 하지 못했던 기억도 되풀이하고 싶지 않았다.

그저 그런 이유로 나는 성경 통독을 시작했다. 그래서 훗날, 성경을 읽다 말씀과 기도의 연관성을 깨닫고는 혼자서 적잖이 놀랐다. 성경은 단순히 성경 지식에 능하게 하기 위해 읽는 것이 아니었다. 말씀이 나를 하나님과의 진정한 소통의 자리로 이끌고(그것이 기도가 아닌가), 내 입에서 진정한 기도가 나오도록 이끌기 때문이었다.

휘몰아치는 고난의 시기에도 기도를 이어가게 하는 힘은 단연 '하나님의 말씀'이었다. 꺼져가던 내 기도의 불은 하나님의 말씀을 읽으며 마침내 활활 타오르게 되었다.

말씀과 동행하라

물론 성경을 읽자마자 그런 것은 아니었다. 성경 통독을 시작했을 때는 성경을 펴 읽어도 말씀의 뜻이 명료하게 들어오지 않는 답답한 시간을 보내야 했다. 내 안에 자리한 욕망이라는 이름의 세상 우상들과 그 우상을 갖지 못한 데서 오는 좌절과 슬픔, 염려와 절망의 세계관들이 머릿속에 안개 입자처럼 차 있었기 때문이었다.

겉으로는 비교적 정리되어 보이는 내 겉모습과 달리, 고난의 파도를 헤쳐 오는 동안 카일 아이들먼(Kyle Idleman)의 책 제목대로 '내 마음은 전쟁터'(규장)라서, 말씀을 아무리 읽어도 말씀을 대적하는 것들이 내 안에서 그 말씀을 튕겨내고 있었다.

어쩌면 나는 오랜 세월 앓았던 우울증의 여파로 집중력이 현저히 떨어져 성경 읽기를 어려워했는지도 모른다. 어느 해인가 내게 급성우울증이 찾아왔을 때 하나님의 은혜로 단박에 치유되는 은혜를 경험했지만, 나는 그 뒤로도 오랫동안 총기가 떨어진 사람으로 살아야 했다. 누군가와 대화하다가도 그 말을 중간중간 놓쳐버리거나 책을 1시간 동안 읽어도 내가 뭘 읽었는지 모르는 멍한 상태일 때가 많았다.

결국 나는 당분간 성경 통독을 접기로 하고, 스스로 성경 필사에 도전했다. 성경 한 구절 한 구절을 쓰면서 생각하고 생각하면서 쓰면 그 말씀이 내 안에 새겨지리라는 판단에서였다. 마치 바위 위에 글자를 새기는 심정으로, 나는 남편이 사준 노트에 남편이 사준 만년필로 성경 한 구절을 쓰고 묵상하고, 또 한 구절을 쓰면서 묵상을 이어갔다.

필사는 성경 룻기부터 시작하기로 했다. 청년 시절, 중앙대학교회 이제훈 목사님의 '네 신을 벗지 말라'라는 룻기 설교를 듣고 남편의 교제 신청을 받아들이기로 결심했던 일 때문인지 룻기가 다른 어느 성경보다 친숙하게 다가와서였다.

그러나 막상 룻기를 필사하다 보니 마음이 심란하고 힘들었다. 휘몰아치는 인생의 풍파 속에서 몇 번이나 죽기를 바랐던 내 인생의 여정이 룻기를 읽는 동안 자꾸 떠올랐기 때문이다. 유다 땅 베들레헴에 흉년이 들어 온 가족이 모압 땅으로 이주했지만 거기서 남편과 장성한 두 아들을 잃은 나오미라는 여인의 처지를 들여다보는 일 자체가 괴로웠다. 인생의 가혹함 앞에서 그래도 살아내려는 나오미의 굳건함마저 슬프게 느껴졌다.

이 생각으로 필사를 이어가던 중, 가련한 여인 나오미가 고향 땅에 풍년이 들었다는 소식을 듣고 다시 고향으로 돌아가려는 장면에 내 눈이 머물렀다. 그때 나오미는 모압 여인인 두 며느리를 향해 "나는 더 이상 너희에게 줄 게 없으니 너희는 이제 나를 떠나 너희들의 고향인 모압 땅에 머물라"라고 말한다. 그러자 오르바라는 며느리는 울면서 시어머니와 이별하지만, 룻이라는 며느리는 다음의 그 유명한 고백을 남기며 나오미를 끝까지 붙좇는다.

룻이 이르되 내게 어머니를 떠나며 어머니를 따르지 말고 돌아가라 강권하지 마옵소서 어머니께서 가시는 곳에 나도 가고 어머니께서 머무시는 곳에서 나도 머물겠나이다 어머니의 백성이 나의 백성이 되고 어머니의 하나님이 나의 하나님이 되시리니 어머니께서 죽으시는 곳에서 나도 죽어 거기 묻힐 것이라 만일 내가 죽는 일 외에 어머니를 떠나면 여호와

께서 내게 벌을 내리시고 더 내리시기를 원하나이다 하는지라 **룻 1:16,17**

이 부분을 쓰자니, 결혼 직전 남편에게 썼던 편지 한 장이 떠올랐나. 서로에 대한 사랑을 끝까지 지키겠다는 내용을 신랑, 신부 두 사람이 편지로 써서 제출해야 결혼 주례를 서주겠다 엄포하시며, 그 증거인 편지도 잘 보관해두겠다 하시던 이제훈 목사님도 그리움 중에 떠올랐다. 그때 나는 결혼 서약과 같은 그 편지에 룻의 고백을 인용해 남편에게 사랑을 고백했었다.

당신이 가는 곳에 나도 가고
당신이 머무는 곳에 나도 머물겠습니다.
당신의 백성이 나의 백성이 되고
당신의 하나님이 나의 하나님이 되시리니
당신이 죽는 곳에 나도 죽어 거기 묻힐 것입니다.

성경을 인용해 편지를 쓰면 뭔가 좀 근사해 보일 듯한 순진함으로 그런 표현을 용감하게 썼던 젊은 시절의 내가 떠올라 한편 웃음도 나왔다.

그러다 나는, 룻이 시어머니를 '붙좇았더라'라고 한 룻기 1장 14절 말씀에 또 다시 눈이 머물러 '붙좇다'라는 단어를 찾아봤다. 사전에는 이 단어가 '섬기어 가까이 따르다'라고 나와 있었다. 머리를 갸

우뚝했다. 더 이상 아무것도 줄 것이 없어 보이는 시어머니 나오미를 룻은 왜 섬기어 가까이 따랐던 것일까?

이 질문을 던지다 보니 룻기 전체가 새롭게 다가왔다. 남편까지 잃은 룻이 늙고 가난한 시어머니를 붙좇는 모습은, 마치 오랜 고난의 세월 중에 아무 응답도 안 주시는 듯한 하나님을 끝까지 섬기어 가까이 따르려는 그리스도인을 상징하는 것으로 읽혔기 때문이다. 그렇다면 룻기 2장, 3장, 4장에 소개된 룻의 영광스러운 반전의 삶은, "끝까지 견디는 자에게 이김을 주신다"(마 24:13)라는 하나님의 약속이 실현되는 스토리라 볼 수 있었다.

아, 이게 깨달아지는 순간 어둠 속을 헤매던 내 머릿속에 성령의 밝은 조명이 딸깍, 하고 켜졌다. 룻기는 단순히 룻의 이야기만이 아니라 승리를 약속하시는 하나님의 말씀이 어떻게 내 인생에 이루어지는지를 보여주는 이야기였다. 내가 하나님을 붙좇으면 내 삶의 스토리도 룻기처럼 그리스도의 영광에 동참하는 스토리로 완성될 거라는 확신이 찾아들었다.

그날부터 나는 쏟아부어 주시는 말씀의 은혜를 받기 시작했다. 이후로는 성경을 읽고 쓸 때마다 마치 금을 캐는 광부의 심정으로, 하나님께서 이 약속의 말씀을 무슨 마음으로 기록하셨을까를 숙고하게 되었다. 한 말씀도, 그 말씀을 기록하신 하나님의 마음 한 조각도 허투루 보고 싶지 않았다. 틈만 나면 성경을 쓰며 묵상했고, 어쩌나가 다른 일정이 아무것도 없이 휴가라도 주어진 날에는 하루 8시간 내내 성경을 쓰기도 했다. 그런 날엔 오랫동안 푸석했던 내 얼굴에서 광채가 났다.

내가 남모르는 보물이라도 간직한 양 빙그레 미소 지으며 살기 시작한 것은 그때부터였다. 환경이 달라진 것은 하나도 없었다. 오히려 그 뒤로도 수년 동안 내 어깨에 지워지는 무게는 점점 더해가는 듯했다. 그럼에도 말씀을 가가이하다 보니 내 마음속 뿌연 안개가 말씀의 빛 안에서 걷혀갔다. 그래서 나는 눈코 뜰 새 없이 바쁜 생활 중에도 말씀만은 가가이하려고 수년 동안 몸부림을 쳤다.

직업전선에서도 그 몸부림은 이어졌다. 어느 날 밤, 하나님께서 내게 발달장애를 겪는 조카아이를 돌보라 말씀하신 뒤에는 활동보조교사 자격증을 따서 아침과 오후 시간에 조카를 돌보았는데, 그때도 나는 행여 이 말씀의 보배를 놓칠세라 필사적으로 성경을 붙들었다. 그것을 하지 않으면 내가 꼭 죽기라도 할 것 같은 심정이었다.

가령 이런 식이었다. 특수학교 수업이 끝난 조카아이를 장애인체육관에서 하는 수영 수업에 데려다주면 나는 40분간 휴게실에 앉아 아이를 기다리며 쉴 수 있었다. 그러나 그때도 나는 사람들이 오가는 휴게실 한구석에 쭈그려 앉아 성경을 펴서 읽었다.

하루 일정을 마무리하고 집에 돌아와 급히 저녁 식사를 차려야 할 때도 마찬가지였다. 급히 재료를 손질하여 김치찌개를 가스레인지 위에 얹으면 끓기를 기다리는 20분 동안 나는 서둘러 성경을 펴서 필사를 이어갔다. 그렇게라도 하지 않으면 성경을 보거나 읽을 시간이 없을 만큼 바빴던 때라 수년 동안 그 패턴으로 성경을 가까이했다.

그러는 동안, 출애굽기를 읽으며 구원의 감격을 회복했고, 이사야서를 읽으며 하나님의 마음을 알았고, 시편을 쓰며 기도를 배워갔고, 히브리서를 쓰며 예수님이 어떤 분이신지를 깨닫는 황홀한 기쁨을 누렸다.

성경을 가까이하면서 알게 된 것은 하나님께서는 결코 침묵하는 분이 아니라 매일 매 순간 말씀하시는 분이라는 사실이었다. 우리에게 축복의 약속을 주셔서 우리로 그 약속의 실현을 소망하며 살게 하시는 분, 그분이 바로 내가 믿는 하나님이셨다.

소망의 빛이 꺼져가던 시절에도 기도할 힘을 다시 얻게 된 것은 하나님께서 나를 말씀으로 매일 만나주셨기 때문이다. 말씀은 내게, 하나님께서 마침내 이루실 일들을 소망하도록 이끄는 가장 강력한 빛이요 위로이자 격려였으며 이정표였다.

주의 종에게 하신 말씀을 기억하소서 주께서 내게 소망을 가지게 하셨나이다 이 말씀은 나의 고난 중의 위로라 주의 말씀이 나를 살리셨기 때문이니이다 시 119:49,50

달라진 기도

말씀이 주는 힘으로 살았다. 삶은 거칠고 팍팍했지만 말씀은 달고도 건강한 음료 같아서 말씀을 읽다 보면 어느새 살아갈 힘이 생기곤 했다. 말씀이 내게 쉼이 되고 기도의 등불이 됨을 실제적으로 경험하는 세월이었다.

물론 나의 하루하루는 뒤처지는 체력 탓에 쓰러질 듯한 순간들이 참 많았다. 그러나 차 안에서든 휴게실에서든 말씀을 읽고 묵상하거나 읊조리다 보면 그 말씀의 생명력이 내 안에 들어오고, 그러면 나를 집어삼킬 듯 엄습하던 피로감과 괴로움들이 걷히곤 했다. 말씀이 꼭 무더운 여름날에 마시는 생수 같아서, 말씀을 꿀컥 삼키면 다시 광야 뙤약볕으로 나갈 용기가 생겨났다.

그러던 어느 한 날, 내게 시험이 찾아왔다. 청소년기를 힘들게 보낸 뒤 어렵게 대학에 들어간 큰아들이 1학년 2학기를 보내다가 자퇴서를 내야 했던 일이다.

사실 나는 아들이 대학 한 학기를 다니는 동안, 이러다 아들이 일상으로 완전히 복귀할 수 있겠다는 꿈에 부풀었었다. 평소 재능을 보였던 미술 분야에도 두각을 나타내 교수님들의 칭찬도 이어지고 있었기 때문이다. 물론 아들이 힘들어할 때마다 운전해서 아들의 등하교를 도와주기도 했지만, 그즈음에는 아들 혼자 전철을 타고 다니는 등의 일도 차츰 이루어지고 있었다. 그런데 2학기 들어,

수업하다 전화가 걸려와 데리러 와달라는 요청이 이어지더니 이윽고 학교에 다닐 수 없는 상태를 맞이하고 만 것이다.

"엄마에게는 미안하지만 나는 아무리 노력해도 일반 사람들처럼 살 수 없는 사람인가 봐요."

눈물을 주르륵 흘리며 이 말을 하는 아들과 함께 자퇴서를 학교에 제출하고 오던 날, 나는 안방 문을 닫고 하염없이 울었다. 소망하던 바가 좌절된 데서 오는 슬픔이었다. 남편은 그런 나를 보며 이렇게 말했다.

"다른 건강한 아이들도 자신만의 뜻과 계획이 바뀌면 언제든 대학을 그만두기도 해. 아예 대학을 안 들어가는 아이들도 있고…. 우리 아이가 가야 할 또 다른 길이 있지 않겠어? 그래서 나는 이쯤에서 아들이 자퇴한 것도 나쁜 일이 아니라고 봐."

"나도 알아. 그래도 오늘은 그냥 눈물이 나. 엉엉."

어린 나이에 불안장애가 시작되어 아무것도 못 할 것처럼 힘들어하던 큰아들이 이만큼 자라 대학 근처에 가봤다는 것만으로도 감사한 일이었다. 그래서 담담히 아들의 결정을 받아들이고 그다음 길을 모색하며 격려해야 함을 알고는 있었지만 한 번 흐르기 시작한 눈물은 그치지 않았다. 평범한 길, 표준화된 길을 가지 못하는 큰아들에 대한 엄마로서의 연민에 가슴이 찌르듯 아팠다.

그런 내가 안타까웠던지 남편은 내게 가까운 인천 앞바다에라도 다녀오자고 했다. 같은 동네에 사는 막냇동생도 전화를 걸어와

"내일은 조카를 안 돌봐도 되니까 형부랑 언니랑 바람 쐬러 어디라도 좀 다녀왔으면 좋겠어"라고 말했다.

그 전화를 받으면서야 나는 그간 내가 얼마나 많이 달라졌는지 스스로 실감이 되었다. 나는 완전히 다른 사람이 되어 있었다. 내일 하루 휴가를 주겠다는 동생의 말에, 그렇다면 내일은 하루 종일 말씀을 읽고 묵상할 수 있겠다는 기쁨이 내 안에서 솟구쳤던 것이다. 내가 제일 편안해하고 좋아하는 사람인 남편과의 데이트는 그런 다음에나 하고 싶은 일이지 결코 첫 번째가 아니었다.

그래서 나는 다음 날 아침부터, 온종일 방구석에 틀어박혀 성경을 펴 읽었다. 마침 호세아서를 읽을 차례였다. 호세아서를 통해 하나님께서 과연 내게 뭐라 말씀하실지 귀 기울이며 성경을 천천히 읽어 내려갔다.

서너 시간 동안 꼬박 책상 앞에 앉아 성경을 읽고 묵상하는 동안 성령께서는 내게 일관되게 말씀하셨다.

너는 큰아들의 자퇴 때문에 울지 말고
악하고 음란한 이 세대를 위해 울라.

큰아들이 자퇴한 일은 하늘 무너진 것처럼 슬퍼할 일이 아니라는 뜻이었다. 오히려 잘된 일이고 감사한 일이라는 느낌도 얹어주셨다. 내가 비통하고 슬퍼하며 울어야 할 일은 하나님을 떠난 이 세대의 음란함과 악함이기에 이제는 이 세대를 품고 중보기도하는 자로 살라는 소명도 일깨워 주셨다.

말씀의 힘은 정말 놀랍다. 말씀을 통해 진리가 분별되면 그때부터는 복잡했던 염려나 고민의 잔 줄기들이 사라지고 하나님 말씀의 한 줄기만이 뚜렷하게 부각되기 때문에 머릿속은 참으로 맑고 명료해진다. "Yes!"라고 화답하며 진리의 그 말씀 안에서 어린아이처럼 단순해진다.

그날부터 나는 수년 동안 해왔던 "우리 아이도 다른 아이처럼 학교에 정상적으로 다니게 해주세요"라는 기도를 멈추었다. 학교에 잘 다니는 이웃집 아이들도 더 이상 부럽지 않았다. 대신 우리 아이만의 기질과 특성과 능력에 맞는 직업과 길을 내실 하나님을 소망하며 이를 위해 기도하기 시작했다. 말씀이 나를 기도의 올바른 방향으로 이끌고, 말씀이 나를 진리에 거하게 함을 알려준 사건이었다.

이런 일들을 겪어서인지 나는 훗날, 기도의 사람 조지 뮬러의 책을 읽으며 "그가 하나님과 가깝게 걷기 시작한 것은 영감을 받은 말씀 속에서 걸어가야 한다는 사실을 깨달은 때부터였다"라는 말에 전적으로 동의가 되었다. 잔느 귀용의 책에서 "기도를 배우려면 먼저 말씀을 묵상하고 그 말씀을 붙잡고 기도하라"라고 강조한 이유도 알 것 같았다.

이와 관련해 유진 피터슨 목사님도 같은 맥락의 말씀을 하셨다.

"중요한 것은 우리에게 말씀하시는 모든 것에 대해 우리가 말을 하고 그렇게 말하는 가운데 기도라고 불리는 하나님과의 대화에 익숙해지는 것이다. … 기도의 핵심은 우리 자신을 표현하는 법을 배우는 것이 아니라 하나님께 응답하는 법을 배우는 것이다."[1]

무슨 뜻인가? 참된 기도란 하나님께서 우리에게 먼저 건네시는 말씀에 대한 우리의 반응이라는 것이다. 말씀은 아둔한 우리를 깨워 기도할 수 있게 하고, 무지한 우리를 지도해 우리가 어떤 기도를 드려야 할지 정확하게 알려준다. 그래서 말씀을 가까이하다 보면 염려와 두려움과 원망과 슬픔이 뒤섞여 갈피를 못 잡던 그 전의 기도와는 다른 기도가 터져 나온다. 말씀을 가까이할 때 성령께서는 친히 기도할 말을 우리 입에 넣어주시기 때문이다.

모든 성경은 하나님의 감동으로 된 것으로 교훈과 책망과 바르게 함과 의로 교육하기에 유익하니 이는 하나님의 사람으로 온전하게 하며 모든 선한 일을 행할 능력을 갖추게 하려 함이라 **딤후 3:16,17**

---

1) 유진 피터슨, 《응답하는 기도》, (IVP, 2003), p.15-16.

밥상 차려주는 엄마처럼

외롭고도 험난한 광야의 여정을 지날 때 찾아드는 절실하고도 간절한 그리움은 무엇일까. 나의 경우는 '엄마'였다. 결혼 이후 한 남자의 아내로, 두 아들의 엄마로, 교회에서는 목사 사모로 살아가는 동안, 내 영혼은 내게 보호자이자 위로자이며 안내자가 되어줄 엄마를 늘 필요로 했다. 특히나 큰아들에게 불안증이 찾아왔을 때 나는 '혹시 내가 또 뭘 잘못해서 우리 아들이 아픈 건 아닐까?'라는 죄책감에 시달리면서, 내게 따뜻하고도 안정된 음성으로 이 상황을 분별해줄 어른의 목소리가 그리웠다.

"이 아이가 아픈 건 너 때문이 아니란다. 아이가 크느라 그렇지. 아프고 나면 훌쩍 자란 모습을 보게 될 거다."

그런데 어느 날인가, 하나님 아버지께서 내게 그와 같은 음성을 들려주셨다. 내가 그토록 듣고 싶어 하던 그 현명하고도 따뜻한 음성을 아버지이신 하나님께서 들려주신 것이다.

제자들이 예수께 물었다. "선생님, 이 사람이 눈먼 사람으로 태어난 것이, 누구의 죄 때문입니까? 이 사람의 죄입니까? 부모의 죄입니까?"

예수께서 대답하셨다. "이 사람이 죄를 지은 것도 아니요, 그의 부모가 죄를 지은 것도 아니다. 하나님께서 하시는 일들을 그에게서 드러내시려는 것이다." 요 9:2,3 새번역

성경을 보며 이 말씀을 새기던 날, 내 안에 얼마나 벅찬 자유와 소망이 솟아났는지 모른다.

'남편도 아들도 나 때문에 아픈 게 아니다. 하나님은 그들에게서 하나님이 하시는 일을 드러내시기 위해 이 과정을 허락하셨다. 그러므로 하나님은 남편과 아들을 통해 반드시 그분이 하시는 일을 나타내시며 영광을 받으실 것이다.'

이 믿음이 내게 들어온 뒤로, 나는 힘을 내어 예전의 쾌활한 엄마이자 아내로 살아갈 수 있었다.

그러면서도 나는 종종 그 먼 광야 길에서 엄마가 그리웠다. 주일을 준비하는 토요일 저녁에는 더 그랬던 것 같다. 4주에 한 번씩 교회에서 주일 식사 준비를 담당했던 나는, 토요일이면 시장에 가서 장을 본 뒤 그 짐을 엘리베이터가 없는 상가 3층의 담길교회로 끙끙대며 옮기고, 그런 뒤에 서너 시간 동안 30인분의 식사를 미리 준비해 놓곤 했다. 그러고 나서 집으로 가면 설교 준비하는 남편과 두 아들을 위해 저녁 식사를 또 준비해야 했는데, 온몸이 노곤해지는 그 시각이면 나는 유달리 엄마가 그리웠다.

내가 날마다 가족에게 밥을 차려줘야 하는 엄마로 살았기 때문일까. 나 역시도 우리 엄마에게는 귀한 딸이라 그런지, 나를 위해 차려주는 엄마표 밥상이 너무나 받고 싶었다. "딸아, 힘들었지? 이거 먹고 기운 내라" 하시는 엄마의 밥상을 받아먹으면 다시 기운을 내어 또 하루를 살아갈 수 있을 것 같았다.

그런데 시편 말씀을 읽다 보니, 하나님께서 내게 엄마가 되시어 따뜻한 밥상을 차려주신다는 사실을 알게 되었다. "여호와는 나의 목자시니 내게 부족함이 없으리로다"로 시작되는 시편 23편을 필사하며 묵상할 때였다.

나는 그간 성경을 읽으며, 내가 얼마나 약하고 무지한 양인지, 그리고 그런 양을 하나님께서 얼마나 자상하게 인도하시는 목자이신지를 깨달은 바 있었다. 그래서 나는 목자이신 하나님만 바라보며 졸졸 따라가는 양이 되리라, 자주 결심하곤 했다. 주께서 나를 푸른 초장 쉴 만한 물가로 이끄실 때까지 목자 예수님만 바라보며 따라가는 것이 사망의 음침한 골짜기를 통과하는 비결임을 잊지 않으려 했다.

> 여호와는 나의 목자시니 내게 부족함이 없으리로다 그가 나를 푸른 풀밭에 누이시며 쉴 만한 물가로 인도하시는도다 내 영혼을 소생시키시고 자기 이름을 위하여 의의 길로 인도하시는도다 내가 사망의 음침한 골짜기로 다닐지라도 해를 두려워하지 않을 것은 주께서 나와 함께하심이라 주의 지팡이와 막대기가 나를 안위하시나이다 시 23:1-4

그런데 문제는 삶의 소용돌이 속에서 자꾸만 처지는 나의 체력이었다. 나를 잡아먹으려는 늑대와 이리가 호시탐탐 기회를 엿보는 사망의 음침한 골짜기를 지날 때, 나는 양 무리 중에서도 유독 약한 양이라 그런지 뒤로 처지는 느낌을 지울 수 없었다. 뒤처져 양 무리에서 이탈하면 그 순간 사악한 짐승들이 달려와 나를 잡아먹으리라는 것을 알면서도 다리에 힘이 빠지는 것은 어쩔 수 없었다.

정신을 차리고, 깨어 있으십시오. 여러분의 원수 악마가, 우는 사자같이 삼킬 자를 찾아 두루 다닙니다. 벧전 5:8 새번역

하지만 이 역시 내가 걱정할 일이 아니었다. 목자이신 예수님은 그런 상황까지도 다 아시고, 나를 위해 잔칫상과 같은 말씀의 밥상을 사망의 음침한 골짜기 한복판에서 한가득 차려주시는 분이기 때문이다.

주께서 내 원수의 목전에서 내게 상을 차려주시고 기름을 내 머리에 부으셨으니 내 잔이 넘치나이다 시 23:5

주님은 원수들이 우글거리는 사망의 음침한 골짜기에서 영육 간의 약함으로 뒤처지는 나를 위해 밥상(새번역성경에는 잔칫상)을 차려주신다는 것이다. 마치 주어진 조건에서 분투하며 살아내는 두 아들에게 내가 엄마로서의 모든 사랑을 담아 밥상을 차려주듯이, 하나님께서는 그 광야 길에서 주를 따르고자 하는 내게 부모로서의 모든 사랑을 담아 말씀의 잔칫상을 베푸시며 일러주고 계셨다.

"이거 먹어라, 잘 먹어야 힘내서 나를 따라오지. 이거 먹으면 능히 나를 따라올 수 있단다."

시편 23편은 그와 같은 아버지의 마음, 아니 엄마와 같은 하나님의 마음이 그대로 담긴 말씀이었다. 하나님께서 완벽한 보호자요 엄마가 되셔서 날마다 내게 말씀의 밥상을 차려주신다는 것을 일깨워주고 있었다.

그래서 나는 그 뒤로 말씀을 읽을 때마다 말씀이 나를 향해 사랑해, 사랑해, 사랑해, 힘을 내, 힘을 내, 힘을 내, 라고 속삭이는 것만 같았다. 말씀의 밥상을 차려주시는 하나님의 마음을 나는 그렇게 보게 되었다.

하나님의 그 마음이 담긴 말씀을 날마다 그렇게 꼭꼭 씹어 삼킨 덕분이었을까. 무리에서 제일 뒤처진 양이었던 내 다리에도 언제부턴가 힘이 붙고 살도 조금씩 오르기 시작했다. 그러자 나를 표적으로 삼아 노려보던 늑대와 이리도 더 이상 나에게 따라붙지 못하는 것 같았다. 기도 골방에서 말씀을 들고 외치는 나의 기도 소리가 점점 강건해져 갔다.

이에 예수께서 말씀하시되 사탄아 물러가라 기록되었으되 주 너의 하나님께 경배하고 다만 그를 섬기라 하였느니라 이에 마귀는 예수를 떠나고 천사들이 나아와서 수종드니라 마 4:10,11

말씀이 너무 좋아서

하나님, 하루를 살면서 완벽한 평안을 누리는 순간은 별로 많지 않습니다. 어느 누구를 만나 좋은 시간을 가져도 그 사이에는 걱정이나 불안, 두려움이나 미움, 판단 등의 마찰이 끼어듭니다. 모두들 나와 다르기 때문입니다.

물론 정도의 차이는 있습니다. 어떤 사람과는 90퍼센트 부딪치고 어떤 사람과는 9퍼센트 부딪칩니다. 또한 그 부딪침도 마음속의 부딪침일 뿐 제 성격상 겉으로는 갈등을 잘 내비치지 못합니다. 아마 그래서 더 제 마음 안에는 미세하든 사납든 파도가 늘 이는지도 모르겠습니다.

위선을 떨려고 해서가 아닙니다. 혹시라도 실족할지 모를 상대에 대한 염려로 속 시원히 제 마음을 표현하지 못할 때가 많을 뿐입니다. 아마도 사역자라면, 아니 하나님을 마음에 모신 사람이라면 누구나 안고 가는 문제가 아닐까도 싶습니다.

그래서 하나님의 말씀 앞에 엎드리면 완벽한 평안이 저를 감쌉니다. 완전하고 순결하신 하나님의 말씀 앞에선 어떤 마찰도 일어나지 않기 때문입니다. 그저 마음을 맘껏 열어 "아멘, 아멘" 하면 된다는 것, 그럴만큼 완전하게 동의할 진리의 말씀이 제게 주어졌다는 것이 얼마나 놀라운 축복인지 모르겠습니다. 혹 말씀에 의문이 느껴질 때도 어떤 억압이나 눌림 없이 그 의문 그대로를 표현할 수 있다는 것도 놀라운 축복입니다. "하나님, 이 말씀은 이해가 안 돼요. 모순처럼 느껴지는데 이게 무슨 뜻인가요?"라고 물으면 하나님은 그 질문도 반기시며 제 수준을 따라 답을 들려주십니다.

무엇보다 하나님의 말씀은 저를 '사랑'에 눈뜨게 해줍니다. 말씀을 읽을수록 알게 되는 하나님의 마음, 그것은 사랑이었습니다. 그 사랑 안에 포근히 안기니 평안이 저를 감쌀 수밖에 없습니다.

그런 면에서 아침과 저녁으로 성경을 필사하며 묵상하는 그 시간이야말로 제가 누리는 어떤 시간보다 완벽한 쉼의 시간입니다. 오늘도 그런 시간을 제게 주심에 감사드립니다. 아무리 바빠도 성경 쓸 시간이 있고, 아무리 낙심되고 지칠 때에도 말씀에서 생명수를 마시듯 회복을 경험할 수 있음이 너무나 큰 은혜입니다.

그래서 시편에서 시인은 "주의 법이 나의 즐거움이 되지 아니하였더면 내가 내 고난 중에 멸망하였으리이다"(시 119:92)라고 고백했나 봅니다. 그 말씀에 저도 100퍼센트 동의합니다. 말씀이 주는 즐거움, 그 즐거움이 제 영혼을 소생케 했습니다.

그래서 저는 주의 말씀을 지키려고 발을 금하여 모든 악한 길로 가지 아니하였으며 주께서 저를 가르치셨으므로 제가 주의 규례들에서 떠나지 않을 수 있었습니다. 주의 말씀의 맛이 제게 너무나 달고 제 입에 꿀보다 더 달았습니다(시 119:101-103).

하나님, 말씀을 읽다가 그런 고백이 마음에 차올라 조금 전엔 남편에게 말했습니다.

"말씀이 너무 좋아. 말씀이 점점 더 좋아져. 1년 전보다 한 달 전보다 어제보다…."

새삼스럽지만 그런 말을 굳이 내뱉은 건 사람이 사랑에 빠지면 꼭 입 밖으로 고백하게 되기 때문인가 봅니다. 언젠가부터 우리 부부가 서로에게 "난 당신이 점점 더 좋아져"라고 자꾸 말하게 되듯이 말입니다.

하나님의 말씀 앞에서도 그렇게 고백하는 거, 좀 늦은 감이 있지만 이제 자꾸 해보려 합니다. 말씀에 대한 사랑, 말씀에 대한 열망, 말씀에 대한 비전까지….

하나님의 말씀이 오늘도 지친 저를 살아나게 합니다. 말씀만이 우리를 살아있게 합니다.

내가 보니 모든 완전한 것이 다 끝이 있어도 주의 계명들은 심히 넓으니이다 내가 주의 법을 어찌 그리 사랑하는지요 내가 그것을 종일 작은 소리로 읊조리나이다 시 119:96,97

Chapter 3

회개가 우리를
이끄는 곳

죄악을 대면하며 나는 기도하기로 했다

돌이키기 좋은 계절

　다윗은 하나님을 만나 동행했던 사람 중 한 명이다. 그는 하나님과 함께하는 것이 얼마나 좋은지 "주의 궁정에서의 한 날이 다른 곳에서의 천 날보다 나은즉 악인의 장막에 사는 것보다 내 하나님의 성전 문지기로 있는 것이 좋사오니"(시 84:10)라고 고백했다. 하나님과 함께 사는 하루가 하나님 없이 사는 천 날보다 비할 바 없이 좋다는 뜻이다.

　우리는 이런 시편을 읽으며, 어떻게 해야 그 좋은 하나님을 만나 이런 고백을 할 수 있을까 생각한다. 단 하루라도, 아니 단 한 시간이라도 하나님을 만나 살아봐야 하나님과 함께 사는 한 날의 가치가 악인의 장막에서 사는 천 날의 가치보다 낫다는 것을 알 것이 아닌가.

나는 내 힘으로 건너지 못할 광야에 서고 나서야 시편 84편에 기록된 말씀의 의미를 알게 되었다. 늪에 빠진 듯한 나날이었지만 하나님께 회개하며 돌이킨 뒤에 만난 하나님과의 하루가 그 전과는 비할 바 없이 좋았기 때문이다. 아마 다윗도 악인의 장막에서 죄와 더불어 살았던 날들을 돌이켜 하나님과 만나면서부터 시편 84편의 고백을 하게 되었을 것이다.

그래서 나는 "어떻게 해야 하나님을 만날 수 있나요?" 혹은 "어떻게 해야 하나님과 동행하나요?"라는 사람들의 물음을 접할 때마다 '회개', '돌이킴'이라는 단어를 먼저 떠올리게 된다. 가던 길에서 돌이키는 회개가 이루어지지 않고서는 하나님을 온 맘과 온몸으로 만나기 어렵기 때문이다.

그러나 자기 확신의 철옹성을 쌓은 채 살아가는 우리는 지독히도 회개하려 들지 않는다. 회개가 무엇인가? 내가 틀렸음을 인정하고 내 손에 든 것들을 내려놓아 진리이신 하나님께로 돌아서는 일이다. 그럼에도 우리는 "내가 왜?"라고 반문하며 내 손에 든 지위와 명예, 돈, 살아가는 방식 등 각종 창검을 내려놓으려 하지 않는다. 이거면 충분히 살아갈 수 있는데 내가 왜 굳이 나를 포기하고 하나님께로 투항해야 하냐는 얘기다.

그러나 인생을 살다 보면 누구나 광야 길에 서게 되고, 그때가 되면 내 수중에 있던 것들이 악을 무찌르는 창검이 아니라 한낱 바람에 흩날리는 쭉정이처럼 다 사라져버리는 나약한 것들이었음을 깨닫는다. 고난의 때만큼 하나님께로 돌이킬 절호의 기회가 없는 것이다. 내가 가진 것이, 혹은 나 자신이 아무것도 아님을 고백하며 하나님을 향해 힘껏 달려갈 수 있는 계절은 다름 아닌 고난의 때다.

하지만 인간의 본성이 얼마나 완악한지 그와 같은 때에도 웬만해서는 회개하려 들지 않는다. 내가 고난 중에 있다는 그것이 또 하나의 철옹성이 되어 '내가 어떻게 살아왔는데?'라는 피해의식과, '지금은 위로받아야 할 때야'라는 자기연민에 휩싸여버린다. 어떤 이들은 출애굽한 이스라엘 백성들처럼 "내가 뭘 그리 잘못했길래 내게서 좋은 것들을 다 빼앗아갔느냐?"라며 하나님을 향한 원망의 소리로 그 시간을 채우기도 한다.

고난 중에 냉정하게 직면해야 할 현실은 우리가 겪는 고난 자체가 결코 면죄부가 될 수 없다는 것이다. 내가 불행을 겪고 있다는 그것 때문에 죄를 회개하지 않아도 되는 사람은 이 세상에 아무도 없다. 부자든 가난하든, 권력이 있든 없든, 모든 인간은 누구를 막론하고 하나님을 떠나 사는 반역자적 속성을 지닌 존재다. 우린 모두 한 사람도 빠짐없이, 나를 지으시고 나를 사랑하시는 하나님 아버지를 떠나 내 맘대로 살고 싶어 하는 탕자들이다. 성경은 그것이 바로 '죄'라고 말한다.

기록된 바 의인은 없나니 하나도 없으며 깨닫는 자도 없고 하나님을
찾는 자도 없고 다 치우쳐 함께 무익하게 되고 선을 행하는 자는 없나
니 하나도 없도다 롬 3:10–12

아버지의 품을 떠난 탕자는 세상의 품 안으로 스며든다. 하나님
아버지의 영향력에서 벗어났으니 세상 권세를 잡은 악한 영의 영향
력 아래 스스로 들어가는 셈이다. 그 아래서, 내 아버지의 가르침을
기만하는 줄도 모른 채 사단의 종노릇 하며 세속의 악을 무분별하
게 받아들이며 산다.

고난의 폭격을 연이어 맞으며 내가 서 있는 땅이 폐허로 변해가
던 그 옛날의 어느 날, 나는 엎드려 기도하다가 내가 바로 그와 같
은 탕자임을 깨닫고 깊은 한숨을 내쉰 적이 있다. 교회에 다니고
공예배에도 빠진 적이 없으며 겉으로는 감옥에 갈 만한 범죄를 저
지르지 않았지만, 세상의 사고방식으로 오염된 내면을 그대로 방치
한 채 살아가던 나. 나는 기실 겉으로만 아버지의 집을 떠나지 않
았을 뿐, 아버지와 한집에 살면서도 아버지의 마음과 연합할 줄 모
르는 맏아들(눅 15장)과 같은 탕자였던 것이다.

그 하나의 증거가 남편과 아들이 아픈 뒤에 찾아온 내 안의 숱한
부끄러움들이었다. 기도하려고 엎드리면, 남편과 아들을 청지기인
내게 맡기시며 주의 뜻을 따라 남편을 돕고 아들을 양육하라 하신
하나님의 뜻과 무관하게 살았던 지난 일들이 선명하게 떠올라 괴

로웠다. 나는 마치 그들을 내가 창조한 내 소유물이라도 되는 양, 인생 설계법칙인 말씀을 따라서가 아니라 내 좁은 소견을 따라 대하며 살던 사람이었다.

신혼 시절의 내가 남편을 내세우며 자랑했던 일들이 그 하나의 증거였다. 내 남편이 얼마나 신실한 사역자인지, 그런 그가 아내인 내게 얼마나 잘해주는지에 관해 나는 은근히 떠벌리기를 좋아했다 (떠벌리는 마음의 중심을 살펴보면, 나는 그렇게 대접받을 만한 사람이라는 자기우월의식이 자리하고 있었다). 내 남편이 내게 뭘 해주었다는 식의 얘기를 하다가 그렇지 못한 이웃집 남편들을 같이 흉보기도 했다. 내게 남편에 대한 고민을 털어놓는 이에게는 남편과 더 멀어지도록 일견 부추기고 있었던 셈이다.

훗날 내가 친구 김정 사모에게 병들고 무기력한 내 남편에 대해 하소연할 때마다 그녀는 오히려 자기 부부의 더 약한 모습들을 공개하며 "그에 비하면 조혁진 목사님은 얼마나 귀한 분인지 몰라"라고 진심 어린 존경을 표해줌으로써 내가 남편에게로 마음을 돌릴 수 있도록 도와주었던 모습과 대조를 이룬다.

나는 또한 큰아들을 낳고서도 아들의 남다른 명민함을 사람들에게 자랑하기 바빴다. 그 자랑을 듣는 이들 중에 불임 문제로 애태우거나 자녀의 장애로 힘들어하는 이들이 섞여 있음을 고려하지 못한 태도였다. 그런 내게 과연 하나님의 사랑이 있었다고 말할 수 있을까.

··· 사랑은 자랑하지 아니하며 교만하지 아니하며 고전 13:4

그런데 수년이 지난 후 내가 그리도 자랑했던 남편은 아내의 병간호를 받으며 내게 많은 것을 해주지 못하는 처지가 되었고, 영재성마저 보이던 아들은 중고등학교에도 다니지 못하는 형편에 처하고 말았다. 나는 내게 펼쳐진 이 기가 막힌 환경 속에서 "형통한 날에는 기뻐하고 곤고한 날에는 되돌아 보아라"(전 7:14)라는 말씀대로, 지나온 나날을 돌아보지 않을 수 없었다. 나는 왜 하나님께서 금하신 '이생의 자랑'을 취하며 살아왔던 것일까.

이 세상이나 세상에 있는 것들을 사랑하지 말라 누구든지 세상을 사랑하면 아버지의 사랑이 그 안에 있지 아니하니 이는 세상에 있는 모든 것이 육신의 정욕과 안목의 정욕과 이생의 자랑이니 다 아버지께로부터 온 것이 아니요 세상으로부터 온 것이라 이 세상도, 그 정욕도 지나가되 오직 하나님의 뜻을 행하는 자는 영원히 거하느니라 요일 2:15–17

이 말씀에 비춰보면 나는 세상을 사랑하는 사람이었다. 세상을 사랑했기에 내가 가진 조그만 것도 뽐내며 세상에서 돋보이고 싶어 했다. 그러나 우리가 누리는 모든 것들은 하나님으로부터 주어진 것들이기에 '자랑'이 아닌, 하나님을 향한 '감사'와 '찬양'으로 고백되어야 마땅하다. 그런데도 내가 말씀을 외면하면서까지 무언가를 자랑하며 내세우려 했던 태도는 그것들을 원래부터 내 것으로 여기며 주인 행세하려는 마음의 발로였을 것이다. 말하자면 나는 창조주 하나님을 주인으로 삼고 사는 피조물로서의 바른 관계에서 조금씩 비껴나 있었다.

훗날에야 나는 "자랑하려거든 두 가지만을 자랑하라"라는 설교를 들으며, 이생의 자랑을 놓지 못한 채 살았던 지난날이 떠올라 얼마나 부끄러웠는지 모른다. 남편은 그 설교 중에, 만일 자랑하고 싶거든 사도 바울처럼 '나의 약함'만을 자랑하라고 강조했다. 나의 약함을 고백할 때 연약한 사람들이 위로를 받고 살아난다는 것이 그 이유였다. 또한 자랑하려거든 '내가 약할 때 하나님께서 행하시는 일'을 자랑하라고 했다. 그럴 때 하나님께서 이를 통해 영광 받으시고, 사람들 또한 연약한 인간에게 베푸시는 하나님의 은혜를 깨닫고 진정한 소망을 갖게 된다는 얘기였다.

그 뒤로 기도의 골방에 엎드릴 때마다 눈물이 났다. "나는 죄인이로소이다"라는 말이 되돌이표처럼 반복되었다. 하나님도 사랑하지만 세상도 사랑했던 내 삶의 방식에 대한 돌이킴의 의미였다.

그런 면에서 회개의 시간은 쓰리고도 아프다. 내가 살아온 삶의 방식이 완전히 그릇되었다는 자기부정, 곧 항복의 시간이 괴롭지 않을 사람이 어디 있겠는가.

그러나 그렇게 오염된 나를 대면하며 예수님의 십자가 앞에 나 자신을 쏟아붓는 죽음과 같은 시간을 지나가 보면 비로소 예수님의 십자가가 다른 사람이 아닌 나 같은 죄인을 위한 십자가였음을 깨닫는다. 회개의 뼈아픈 자리에 가봐야 죄인인 나를 위해 하나뿐인 독생자 예수님까지도 내어주신 하나님의 지극한 사랑을 알게 된다. 그 자리에서 하나님을 감격적으로 만나고 그 사랑의 품에 안겨 다시 사는 진정한 축복을 누리게 된다.

질서가 잡히는 축복

C.S 루이스는 "기도의 문지방은 회개다"라고 했다. 회개를 통과하지 않고는 하나님의 임재가 머무는 기도의 지성소로 들어가 그분을 뵐 수 없다는 뜻이다.

예수님을 믿는 사람이라면 이 말뜻을 어느 정도 이해할 것이다. 예수님의 십자가 복음을 듣고 나의 죄인됨을 눈물 콧물 흘리며 회개하던 시절, 우리는 모두 우리를 찾아오신 성령 하나님을 뜨겁게 만난 경험이 있다. 내가 걷던 길에서 돌이켜 하나님께로 달려간 그 지점에서, 우린 모두 우리를 찾아와 안아주시고 위로하시는 하나님을 경험했었다. 그때는 하나님만이 진정한 왕이시고 내 삶의 주인이심을 고백하며 이제는 하나님만을 따르겠다고 뜨겁게 결단도 했다. 영적 삶의 질서가 바로 잡히는 순간이었다.

그러나 살다 보니 어느새 이 질서가 흐트러졌다. 하나님만을 주인 삼는 것이 아니라 내가 주인이 되어 살고, 세상 공중권세를 잡은 사탄의 지시를 따라 살아가는 일이 생겨났다. 하나님과 세상을 동시에 사랑하는 음란함을 품게 되었다.

예수님을 처음 믿었을 때뿐 아니라 날마다 회개해야 하는 이유가 이것이다. 회개란 흐트러진 관계의 질서를 바로잡아 우리를 위해 설계하신 하나님의 방식을 따르기로 돌이키는 일이 아닌가. 왕이신 하나님의 방식을 따를 때라야 하나님께서 우리를 위해 약속하신 말씀의 그 풍성한 축복의 세계로 들어갈 수 있다.

하나님께서는 우리의 고난 중에 그런 축복을 베풀기 원하신다. 고난 중임에도 불구하고, 아니 고난 중이기에 삶을 진정한 회복으로 이끄시려고 날마다 회개를 촉구하신다.

나는 광야의 한복판에서 그와 같은 하나님의 촉구를 받는 은혜를 누렸다. 내 삶의 무너진 영적 질서를 바로잡으셔서 내게 가장 좋은 것을 주시려는 그분의 계획 속에서 이루어진 일이었다.

그 은혜는 한 권의 책으로부터 왔다. 《거짓 신들의 세상》(팀 켈러, 베가북스)이라는 책이다(지금은 《내가 만든 신》이라는 제목으로 개정되었다).

당시 나는 담길교회에서 '이달의 읽을 책'으로 선정한 그 책을 받아보면서도, '우상숭배'에 관해 다룬 이 책이 내게 얼마만큼의 영적 대각성을 일으킬지 짐작조차 못 했다. 나는 이미 예수님을 구주로 영접하면서부터 "나 외에는 다른 신들을 네게 두지 말라" 하신 제1

계명을 잘 따르는 사람이라 여겼기 때문이다. 나는 성경에서 금하는 바알이나 아세라, 몰렉과 같은 가짜 신을 믿지 않고 오직 참 신이신 여호와 하나님, 우리 주 예수 그리스도만을 믿고 따르는 사람이 아니던가.

하지만 이 책은 타 종교에 대한 우상숭배를 말하고 있지 않았다. 현대인들이 바라보고 앙망하는 돈, 성공, 권력, 명예, 사랑 지상주의, 가족, 심지어 간절한 소원까지 우상이 될 수 있음을 신랄하게 파헤치고 있었다. 말하자면 돈이나 사랑이나 가족, 회복에 대한 소원 등 그 자체로 볼 때는 하나님이 주신 좋은 것들이라 우상이 되지 않지만, 그 좋은 것들을 하나님보다 상위 개념에 둠으로써 궁극적으로 그걸 위해 사는 것이 우상숭배라는 얘기였다.

'나는 그러지는 않은 것 같은데?'

이 생각으로 서문을 읽는데, 서문에서부터 "나 외에 다른 신들을 네게 두지 말라" 하신 십계명의 제1계명을 내가 명백히 어기고 있다는 것이 드러났다.

슬픔과 절망은 다르다. 슬픔은 위로할 수 있는 고통이다. 여러 가지 가운데서 좋은 것 하나를 잃었을 때 슬픔이 찾아온다. 예컨대 회사에서 좌천되더라도 가족의 위로를 받아 슬픔을 극복할 수 있다. 하지만 절망은 위로할 수 없다. 궁극적인 무언가를 잃었을 때 찾아오는 것이 절망이기 때문이다. 어떤 의미나 희망의 궁극적인 원천을 잃으면 그 무엇으로도 대체할 수 없다. 영혼이 산산조각 나기 때문이다. … 경기가 하락할 때마다 사람들이 극한의 절망으로 치닫는 원인은 대체 무엇일까? 토크빌은 '이 세상의 불완전한 기쁨'을 인생의 토대로 삼기 때문이라고 말한다. 바로 이것이 우상숭배다.[2]

이 부분을 읽는 동안 저자의 문장이 내 안의 무언가와 쿵! 하고 충돌했다. 나는 그것이 내가 남몰래 품고 있던 우상들이 발견됨으로써 본능적으로 그렇지 않다고 우기는 방어기제가 작동된 것임을 알지 못했다. 내가 우상을 숭배하고 있었다는 사실을 순순히 인정하기에는 지난 세월, 내 수고의 삶이 너무 애처로웠기 때문인지도 모른다.

그러나 책에서 말하는 이 '절망하는 자아'가 바로 내 모습임을 숨길 수는 없었다. 나는 당시, 불안장애를 겪는 아들을 학교에 보내기 위해 아침마다 두세 시간씩 애를 태웠고 그 결과로 아이가 학교에 가면 잠시나마 안도의 숨을 내쉬었지만, 그마저도 학교에 못 가는 날에는 어김없이 절망의 그늘에 앉아 꺼질 듯 한숨을 내쉬었다.

그런 엄마의 태도에서 아들이 '삶은 불안한 것이다'라는 신호를 지속적으로 받으며 불안의 더 깊은 골짜기로 들어가고 있음은 꿈에도 몰랐다. 나는 아들이 학교에 가고 안 가고를 내 생의 기쁨의

---

2) 팀 켈러, 《거짓 신들의 세상》, 이미정 역(베가북스, 2012), p.17-18

토대로 삼는 우상숭배자였던 것이다.

아들만이 아니었다. 나는 난치병에 걸린 남편을 고쳐보려 백방으로 애를 쓰며 사는 아내였다. 교회 개척 초창기라 남편이 받는 사례비로는 생활할 길이 없어 가정경제를 살리려 밤낮으로 출판사 일을 하던 상황이었는데도, 때로는 빚까지 져가며 남편 몸에 좋다는 약을 구해오기도 했다. 병든 남편을 둔 아내로서 어쩌면 그게 당연한 일일지도 모른다. 그러나 문제는, 그러고도 좋아지는 기색이 없는 남편을 볼 때마다 내 영혼이 산산조각이라도 난 듯 절망의 그늘로 들어가 한탄하며 살았다는 점이다.

무엇이 문제였는가? 병 낫기를 위해, 회복을 위해 하나님께 기도하는 것은 성경에서도 권하는 당연한 일이었다. 하지만 그걸 내 인생의 첫째 자리, 즉 하나님의 자리에 놓다 보니 회복되지 않은 삶은 살 가치도 없는 인생인 양 절망하며 살아가는 것이 문제였다. 그게 바로 '우상숭배'의 증거임을 팀 켈러는 계속해서 말해주었다.

삶의 의미가 다른 누군가의 인생을 바로잡는 데 있다면, 그것을 '상호의존'이라고 부를 수도 있겠지만, 기실 그것은 우상숭배다. 당신이 무언가를 보고서 마음속 저 깊은 데서부터 "내가 저것만 가질 수 있다면 내 인생에도 의미가 있다고 느낄 것이고, 나도 가치가 있음을 알 것이며, 그렇게 되면 자존심도 생기고 안전한 느낌도 가질 텐데…"라고 말한다면, 그게 무엇이든 바로 당신의 우상이다. 그런 관계를 묘

사할 수 있는 방법이야 많이 있겠지만, 아마도 가장 훌륭한 것은 숭배 (worship)라는 표현이리라. [3]

무슨 뜻인가. 내가 그렇게도 열심히 헌신하며 숭배하는 대상은 하나님이 아니라 남편의 회복이었다는 뜻이다. 나는 남편만 회복 된다면 내 인생이 의미도 있고 자존심도 생기고 안전한 삶이 될 것 이라 여기며, 내 마음을 다하고 뜻을 다하고 힘을 다하여 애쓰고 있었다. 그것이 하나님을 향해서만 쓰는 단어인 '숭배'임을 알지도 못한 채⋯.

나는 책에서 받은 충격을 진정시키며 계속해서 책을 읽어 내려갔 다. '그렇다면 남편과 아들의 회복을 위해 기도하지도 말고 애쓰지 도 말라는 얘긴가?'라는 질문을 던지면서 말이다.

책은 친절하게도 그에 대해서도 답해주었다. 남편이나 아들을 덜 사랑하거나 회복을 위해 기도하지 말라는 얘기가 아니라 단지 우리가 믿는 여호와 하나님을 더 많이, 가장 사랑하여 그 하나님만 을 삶의 토대로 삼아야 한다는 얘기였다. 하나님을 하나님의 자리 에 올리고, 짝퉁하나님으로 섬기던 것들을 제자리로 옮기면 그 안 에서 피조물을 향한 사랑도, 일도, 관계도, 성취도, 기도도 가장 건 강하고 아름답게 이루어진다는 말이었다.

---

3) 팀 켈러, 같은 책, p.26

이에 관해 저자는 이 책에서 자녀를 우상 삼았던 한 사람을 예로 들어 자세히 알려주었다. 누군가를 우상으로 삼으면 그 대상이 되는 누군가는 하나님이 되어야 한다는 무게를 견디지 못해 망가질 수밖에 없다는 심각한 얘기였다. 우상 삼은 누군가를 하나님 바라보듯 바라본다면 그 사람은 그 짐에 눌려 숨이 막히게 된다는 것이다.

거기까지 읽었을 때, 나는 왜 남편이 아픈 뒤로 우리 관계가 무거워졌는지 알 것 같았다. 남편이 병원에서 고치기 어려운 심각한 질병에 걸렸기 때문만은 아니었다. 남편의 회복을 바라는 나의 소망이 일종의 우상이 되어버렸기 때문이다. 회복되지 않으면 내 삶이 아무 의미도 없는 양, 회복에 내 전부를 걸어버리는 나의 태도에서 남편은 부담감과 압박감을 가졌을 터였다. 아내의 밥상을 받을 때마다 부담스럽고, 아내가 건네는 값비싼 약들을 받을 때마다 압박이 느껴졌을 것이다.

아들이 아픈 뒤로 아들과의 관계가 점점 무거워지는 이유도 알 것 같았다. 아들을 학교에 보내기 위해 내 온 삶을 집중하여 헌신하는 엄마의 사랑이 아들에게는 때로 숨 막히는 부담으로 작용했을 터였다. 속히 건강해지길 바라는 엄마의 기대에 부응하지 못할 때마다 어김없이 나타나는 엄마의 그늘진 얼굴을 볼 때 아들은 엄마에게서 도망치고도 싶었을 것이다. 그런 면에서 부모들이 자녀에게 "나는 너만 바라보며 산다"라고 말하는 것만큼 자녀를 짓누르는 악한 말이 어디 있을까.

아….

책을 한 번 읽고 두 번 읽고, 그 몇 년 후 또 한 번 읽으면서, 나는 그야말로 '거짓 신들의 세상'에 놀아났던 나 자신이 발견되어 발가벗겨진 심정이 되었다.

하나님께서는 그런 나를 이끌어 기도의 자리에 앉게 하셨다. "내 인생의 토대를 무엇으로 삼는가?"의 문제 앞에서 "하나님만이 내 인생의 토대다"라고 말하지 못했던 나 자신을 하나님께로 돌이키게 하기 위함이셨다.

그 자리에 가고서야 나는, 그간 고난이 휘몰아칠 때마다 당황하고 흔들리기만 할 뿐, "슬프고 힘들긴 하지만 우리에게는 변함없이 하나님이 계시니 다시 살아내 보자"라는 굳건함을 보이지 못했던 이유가 깨달아졌다. 하나님과의 만남을 내 인생의 불변하는 가장 큰 기쁨으로 삼지 않았기 때문이었다. 내 삶의 영적 질서가 완전히 뒤틀려 있었던 것이다.

나는 잊고 있었다. 내 인생의 궁극적 목적은 남편도 아들도 아니고 그들의 회복도 아닌, 다만 내가 세례받을 때 소요리문답 제1문에서 고백했던 대로 "하나님을 영화롭게 하고 영원토록 그분을 즐거워하는" 것임을….

그렇다면 어떻게 이를 바로잡을 것인가?

나는 이미 절망 상태에 빠져버렸고 무엇을 어떻게 바로잡아야 다시 하나님과의 사랑에 빠져 그분만을 즐거워할 수 있을지 알 수 없었다. 내 삶 전반에 스며든 사람을 대하는 방식도 어떻게 고쳐야 할지 알 수 없었다.

그러나 그 역시 내가 염려할 일이 아니었다. 내가 해야 할 일은 그저, 내가 하나님이 아닌 짝퉁하나님을 하나님의 자리에 대체해 숭배했음을 인정하며 하나님께로 힘껏 돌이키는 일이었다. 하나님이 우리에게 주신 모든 좋은 것들, 즉 돈이나 성공뿐 아니라 가족, 연인, 아픈 이의 회복을 바라는 기도제목까지 그 자체를 하나님의 자리에 둘 수 없음을 고백하며 회개하면 될 일이었다.

내가 그렇게 회개하기 시작할 때 하나님께서는 그 기도에 대한 응답으로 나를 말씀의 은혜 가운데로 이끄셨다. 2장에서 고백한 대로, 말씀이 꿀과 송이꿀보다 더 달다는 시편의 고백(시 19:10)이 내 고백이 되게 하셨다. 말씀 속에서 하나님을 만나는 기쁨이 점점 커져 마침내 말씀을 묵상하고 그 말씀대로 사는 일이 내 인생의 의미요 토대가 되게 하셨다.

돌아보면 그때부터 우리 가정에 회복의 커튼이 서서히 열리고 있었다. 하나님을 아는 일에 내 마음을 다하고 뜻을 다하고 힘을 다하여 집중하면서부터는 오히려 남편과 아들의 회복을 위해서도 지속적으로 기도할 수 있었다.

나는 어느덧, 남편과 아들이 나아지지 않아도 "그에게서 하나님이 하시는 일을 나타내시리라"(요 9:3)라는 믿음으로 삶의 절망을 분연히 떨쳐내며 살아가게 되었다. 어떤 순간이 찾아와도 전처럼 모든 것을 다 잃은 듯한 표정도 짓지 않게 되었다. 절대로 무너질 수 없고 무너지지 않는 선하신 하나님께서 내 삶의 첫 번째 자리에서 변함없이 나와 함께하심이 믿어졌기 때문이다.

그러는 동안, 남편과 나 사이를 가렸던 무거운 안개도 말끔히 걷혀갔다. 어느 날인가 한 자매가 몇몇 교인 앞에서 "우리 목사님과 사모님이 유독 사이가 좋은 이유를 분석해봤다"라는 얘기를 나누며 깔깔거릴 정도로, 우리 부부는 언젠가부터 친구처럼 애인처럼 사랑하며 살게 되었다. 나를 향한 남편의 사랑이 얼마나 지극한지 누군가에게 떠벌리지 않아도, 내가 알고, 알 만한 사람들은 다 알고, 하나님께서 아신다고 믿을 정도가 되었다.

나는 그것이 내가 남편을 '없으면 절대로 안 되는 절대자 하나님처럼'이 아니라 그저 '하나님 안에서 함께 동행하는 배우자이자 동역자로서' 사랑한 뒤부터, 라고밖에는 말할 게 없다. 하나님을 내 사랑의 제1자리로 올리고 나니 남편이나 아들과의 사랑의 관계가 제대로 아름답게 자리잡혀갔다.

순결한 백성이 돼라

감당하기 어려운 일들이 겹겹이 찾아와 그 고통의 짐에 짓눌리면 기도조차 안 나온다. 나는 그게 참 아이러니였다. 기도해야 하는 때에 기도가 안 나온다면 어떻게 하란 말인가?

언제부턴가 나는, 기도가 안 나오는 참담한 상황을 맞을 때마다 기도실에 앉아 차분히 시편을 펼치곤 했다. 시편을 한 절 한 절 옮겨 적다 보면, 고난 중에도 하나님을 소망하는 시편 기자의 고백에 내 마음을 실어 하나님께 기도를 올려드릴 수 있었기 때문이다.

특히 그런 날이면 시편 126편 1절 말씀, "여호와께서 시온의 포로를 돌려보내실 때에 우리는 꿈꾸는 것 같았도다"를 쓰면서 내 회복의 날을 그려보기도 했다.

실제로 나는 그 옛날 이스라엘처럼 오랫동안 포로로 붙잡힌 듯한 삶을 살아가고 있었다. 내 맘대로 할 수 있는 것이 거의 없이 그저 발만 동동 구르는 생활의 연속, 그게 내 삶의 일관된 광경이었다. 그래서 더욱 시편 126편 말씀에 내 마음을 싣게 되었는지 모른다. 하나님께서 내게 은혜를 베푸셔서 주변 많은 이에게 기적 같은 회복이 이루어진다면? 그런 날이 온다면 나는 마치, 포로 되었던 이스라엘 백성들이 마침내 해방되어 본국으로 돌아갈 때의 심정처럼 "꿈꾸는 것 같을 것"이다. 그때에는 "나의 입에 웃음이 가득하고 내 혀에 찬양이 가득 차며 여호와께서 행하신 큰일들을 만방 중에 선포"(시 126:2)하게 될 것이다.

이런 상상을 하며 시편 126편 말씀을 계속 묵상하다 보니, 어떻게 해야 내게도 그와 같은 소망의 날이 도래할지에 관해 정확한 힌

트를 얻을 수 있었다. 시편에서 그들은 수십 년 동안이나 바벨론 포로생활을 하다가 본국으로 돌아가기 시작한 시점에서, 남은 포로들도 시온으로 다 돌려보내시기를(완전한 회복을) 소망하며 이렇게 간구한다.

여호와께서 우리를 위하여 큰 일을 행하셨으니 우리는 기쁘도다 여호와여 우리의 포로를 남방 시내들같이 돌려 보내소서 눈물을 흘리며 씨를 뿌리는 자는 기쁨으로 거두리로다 울며 씨를 뿌리러 나가는 자는 반드시 기쁨으로 그 곡식 단을 가지고 돌아오리로다 시 126:3-6

시편 126편의 마지막 말씀은 우리가 익히 아는 구절이다. 나는 그간 "울며 씨를 뿌리는 자"를 "고난 중에도 회복을 위한 수고를 아끼지 않는 자"를 뜻한다고만 여겼다. 그러나 말씀을 묵상할수록, 이는 고난 중에도 하나님께 돌이켜 눈물로 회개하는 사람들이라 보는 것이 맞는 것 같았다. 하나님의 은혜를 무수히 받았으면서도 "나 외에 다른 신을 두지 말라" 하신 제1계명을 어기고 온갖 우상을 숭배했던 이스라엘의 참회의 눈물 말이다. 그러니까 이 말씀은, 포로생활 중에도 그간의 죄악을 회개하며 우는 자들에게 하나님께서 반드시 포로생활을 끝내게 하신다는 의미였다.

뒤이어 시편 137편을 쓰자니 그 묵상은 더 구체화되었다. "우리가 바벨론의 여러 강변 거기에 앉아서 시온을 기억하며 울었도다"

로 시작되는 137편은 이스라엘이 포로 시절에 겪은 애환을 다루고 있다. 그 애환 중 하나가 끌려간 바벨론제국의 관원들에게, 하나님을 찬양하던 수금과 비파로 자신들을 위해 한 곡조 뽑으라는 요청을 받는 일이었다.

그런 요청을 받은 이들은 어떻게 했을까? 별생각 없이 악기를 들어 바벨론을 위해 연주했을까? 아니, 그렇지 않았다. 그들은 이 요청 앞에서 "우리가 어떻게 이방 땅에서 그들을 찬양하는 노래를 부르리오"라며 하나님 백성으로서 자신들의 정체성을 고뇌한다. 만약 자신들이 하나님의 임재가 머무는 예루살렘을 잊고 경거망동한다면 악기를 연주하는 자신들의 오른손이 말라 비틀어져버리기를 간구할 정도였다.

심지어는 자신들이 하나님보다 더 사랑하는 것이 있어 그것을 노래한다면 혀가 입천장에 달라붙기를 선포하기도 했다. 이는 하나님도 믿지만 다른 신들도 함께 숭배하며 따랐던 이전의 이스라엘과는 전혀 다른 모습이었다. 그들은 포로가 되고서야 예전의 삶에서 돌이켜 오직 하나님만을 사랑하고 섬기겠다는 서약을 하고 있는 것이다.

내가 예루살렘을 기억하지 아니하거나 내가 가장 즐거워하는 것보다 더 즐거워하지 아니할진대 내 혀가 내 입천장에 붙을지로다 시 137:6

여기까지 묵상하다 보니 내 기억은 결혼 전 남편과 데이트하던 시절로 돌아갔다. 대학 4학년, 졸업을 한 해 앞두고 중앙대 기독학생연합회에서 하나님을 만난 나는 SCM 찬양인도자로 섬기던 지금의 남편과 만나 연애를 시작했다. 그런데 한 번은 데이트를 하던 도중, 이해할 수 없는 남편의 태도에 당혹감을 느끼게 되었다.

그날 우리는 모처럼 서로 시간을 내어 서울의 어느 거리를 걸었다. 그러다 나는 당시 막 유행을 탔던 노래방 간판을 보며 같이 노래방에 가자고 제안했다. 그러자 이 남자가 눈에 띄게 당황하더니 어렵사리 이런 답변을 내놓았다.

"근영 자매, 나는 내 목소리를 하나님을 찬양할 때만 쓰기로 해서요…. 미안해요."

신앙생활한 지 얼마 안 된 시점이었기 때문에 나는 그 말 뜻이 이해되지 않았다. '찬양인도자들은 원래 노래방 같은 데는 안 가는 사람들인가?' 싶으면서도 뭔지 모를 민망함과 거절감에 입을 삐죽거렸다. 이 남자가 너무 고지식하게 느껴져 '앞으로 세상을 어떻게 살려나?'라는 생각까지 들었다.

나중에 알고 봤더니 남편은 청소년 시절까지도 목소리가 가늘고 갈라져 주변에서 다들 옆에서 듣기가 거북하다며 노래하지 말라고 말릴 정도였다고 한다. 그런데 어느 날 심한 목감기에 걸려 성탄 연극 공연에도 불참할 정도로 목이 많이 아팠고, 그 몇 주 뒤 고등부 수련회에 가서 친구들과 함께 찬양을 부르던 중 그전까지의 목소리와는 전혀 다른 목소리가 터져 나오면서 남편도, 주변 사람들도 놀랐다고 한다.

이후 남편은 누나가 치던 기타를 만지작거리다 기타 연주까지 하게 되면서 대학 시절엔 수백 명 앞에서 찬양을 인도하는 찬양인 도자로 섬기게 되었다(지금도 그때의 동아리 선배들과 연락이 닿으면 혁진 형제의 찬양하던 목소리가 그립다는 말을 전하는 이들이 참 많다).

그렇게 남편은 자신의 목소리가 하나님으로부터 주어졌음을 안 뒤로, 내성적이라 사람들 앞에 서지 못하던 장벽까지 극복하며 교회와 선교단체에서 찬양인도자로 섬겼다. "한 입에서 찬송과 저주가 나오는도다 내 형제들아 이것이 마땅하지 아니하니라"(약 3:10)라는 말씀을 묵상하면서 찬양인도자로 섬기는 동안에는 그 목소리를 세상 노래를 부르는 일에 쓰지 않겠다고도 결심했다.

시편 137편을 묵상하다 옛일을 돌아보니, 그제야 남편의 젊은 시절, 왜 그가 고지식해 보이는 행동을 해야 했는지 알 것 같았다. 하나님의 백성으로 사는 일은 두 마음을 품는 일에서 돌이키는 일이기 때문이다. 두 남자를 동시에 사랑하는 아내가 있다면 돌이켜 남편만을 전심으로 사랑해야 하듯이, 하나님을 믿고 따른다면 오직 하나님만을 그 중심에 품고 사랑하며 찬양함이 마땅했다.

하나님을 가까이하라 그리하면 너희를 가까이하시리라 죄인들아 손을 깨끗이 하라 두 마음을 품은 자들아 마음을 성결하게 하라 약 4:8

시편을 쓰는 동안, 성령 하나님께서 내게 알려주고 계셨다. 포로 시절과 같은 광야의 시간에 내가 힘써 행해야 할 일은 두 마음을 품었던 일, 즉 하나님도 사랑하고 세상도 사랑했던 일에서 돌이키는 일이라고.

특히나 하나님 외에 다른 신을 섬기지 말라 하신 제1계명을 온전히 따르지 못했던 일에서 돌이키는 것이 회복을 꿈꾸는 자가 해야할 첫 번째 일임을 상기시키셨다. 고난 중에 하나님께서 내게 행하시려는 일은 금에서 찌끼를 제해 '순결한 백성'으로 변화시키는 일이었다.

회개란 옛사람을 벗는 일

4-5년 전이었을까. 유튜브가 엄청나게 확장되던 당시, 나는 의학 관련 강의를 영상으로 보거나 검색 자료를 찾으며 영양제(항산화제) 관련 공부를 하기 시작했다. 그 얼마 전부터 내 임의로 고른 몇 가지 영양제를 남편이 복용하면서부터 남편의 건강에 차도가 보여 관련 공부를 좀 더 체계적으로 하고 싶었던 것이다.

그날도 나는 이런저런 강의를 듣다가 '마그네슘'과 '비타민B12'에 관한 자료를 보게 되었다. 그중 비타민B12 결핍증 환자의 영상에서는 비타민B12 결핍이 우울증을 일으키기도 하고 때로는 심한 정신질환도 유발한다는 사실을 알려주었다. '마그네슘' 관련 영상에서도 그와 비슷한 사실을 전해주었다. 스트레스를 많이 받는 사람은 몸 안에서 마그네슘이 빨리 소진되기 때문에 이를 제때 공급해주지 않으면 불안과 우울, 수면장애, 때로는 다리부종과 경직이 일어나 환자가 깊은 고통을 겪게 된다는 내용이었다.

나는 여러 영상에서 알려주는 이런 일관된 보고에 머리를 한 대 맞은 듯 충격에 휩싸였다. 그 모든 증상이 아들에게서 나타나는 증상과도 일치했기 때문이다.

사실 나는 그간, 불안장애로 진단된 아들의 정신과적 질환에 '영양' 문제도 있을 거라는 생각을 단 한 번도 해보지 않았다. 단지 아들이 정신과 약을 잘 먹으며 마음가짐을 새롭게 해야만 이 병에서 나을 수 있다고 믿었다. 하지만 아들은 오랫동안 병원 약을 먹고도 차도가 없어 그즈음에는 잠도 제대로 못 자고 있었다. 아침마다 다리가 경직되고 아파서 침대에서 일어나는 일도 큰 문제였다.

그런데 만약 영양소 결핍이 그와 같은 증세를 일으키는 한 요인이라면 나는 지금껏 아들의 병에 대해 헛다리를 짚고 있었다는 뜻이 된다. 영양소가 결핍되었다는 것은 따지고 보면 가족의 식단을 챙기는 엄마의 불찰 때문이라고도 할 수 있는데, 정작 나는 그동안 아들을 비롯한 정신질환 환자들을 볼 때마다 은연중 '의지박약의 문제'라 함부로 판단하는 사람이었다.

이 사실이 자각되던 그 순간, 나는 망치로 머리를 세게 맞은 듯 정신이 아찔했다. 사람이 누군가를 보며 문제의 원인을 함부로 짚고 판단하는 것이 얼마나 오만하고 그릇된 일인지 그 순간 깨달아졌다.

그날 이후 하나님께서는 더 힘든 증세를 보이는 조울증, 조현병 환자들까지 만나보도록 하심으로써, 그들의 그 병이 심리적 심약함의 문제 때문이 아니라 뇌세포 간의 이상에서 오는 일종의 뇌 질환임을 알려주셨다. 우울증이나 불안증 역시 뇌에서 나오는 호르몬 분비의 이상에서 비롯되었으니, 그것이 영양소 결핍 때문이든 극한 스트레스 때문이든 스스로 통제하기 어려운 외적 요인에서 발생한다는 점은 분명했다.

그러나 이에 대해 무지한 사람들은 아픈 사람들, 특히 정신적인 질환을 가진 사람들을 볼 때마다, 괜한 우울감을 곱씹으며 절망에서 헤어 나오지 못하는 한심한 사람인 양 취급할 때가 참 많다. 생각해 보면 나 역시도 그런 사람들과 다를 바 없는 교만하고 무지몽매한 사람이었다.

비타민B12와 마그네슘 결핍증에 관해 공부하던 그날 그 시각, 나는 이 사실이 깨달아지면서 나도 모르게 책상에서 내려와 땅바닥에 엎드려 통곡했다. 지난 세월, 고통을 겪는 아들에게 때마다 깊이 공감해주기보다는 마음으로 판단했던 순간이 파노라마처럼 눈앞에 펼쳐졌다. '이제 네가 좀 정신을 차려야 하지 않겠니'라는 식의 뉘앙스로 말할 때마다 "엄마는 알지도 못하면서…"라고 외치던 아들의 눈물 그렁한 눈동자도 떠올라 가슴이 찢어질 것 같았다.

사람을 판단하며 정죄하는 일은 마귀가 즐겨 행하는 악한 일이었다. 그런데 내가 마귀 편에 서서 그런 일을 행하고 있었다는 사실이 깨달아지자, 심장이 깨질 듯 통곡이 터져 나와 서둘러 수건을 입에 물어야 했다.

"하나님, 저는 정말 알지도 못하면서 제멋대로 생각하고 제멋대로 말하는 사람이었습니다. 저는 근본적으로, 근본적으로 잘못된 사람입니다. 제가 다 안다고 생각하는 이 교만과, 그 교만으로 함부로 판단하는 이 죄악을 어떻게 하면 좋겠습니까? 하나님, 저는 죄인입니다. 제가 가장 사랑하는 아들도 이렇게 함부로 판단하는데, 하물며 교인들에게나 이웃들에게는 얼마나 제멋대로 판단의 칼을 휘두르며 살았겠습니까?"

그렇게 고백하고 보니 정말 그랬던 순간이 눈앞에 떠올랐다. 중증의 정신질환을 앓다 보니 한눈에 보기에도 어리숙해 보이는 사람이, 자신이 과거에는 피아노도 연주했고 문학도 공부했다고 말했을 때 나는 겉으로만 고개를 끄덕여줬을 뿐 속으로는 믿어주지 않았다. 그것은 망상일 거라고 내 맘대로 판단하고 말았다. 그도 한때 누구 못지않게 예쁘고 지적인 사람이었을 수 있는데 나는 그에 대해 함부로 생각했던 것이다. 나는 정말 알지도 못하면서 아는 체하는 사람이었다.

그래서 하나님께서는 우리에게 그토록 '판단하는 죄'를 범하지 말라고 명하셨나 보다. 사람을 판단하는 일은 마음의 중심까지 다 살펴 아시는 전지(全知)하신 하나님만이 하실 일이므로, 우리가 눈에 보이는 작은 부분만 가지고 형제를 판단하는 것은 명백한 오류를 낳기 때문이다.

> 입법자와 재판관은 오직 한 분이시니 능히 구원하기도 하시며 멸하기도 하시느니라 너는 누구이기에 이웃을 판단하느냐 약 4:12

그날 나는, 겉으로 드러나는 사람의 모습을 보고 속까지도 다 아는 양 판단하는 죄를 돌이키지 않고는 "네 이웃을 네 몸과 같이 사랑하라" 하신 하나님 말씀을 이룰 수 없다는 데 100퍼센트 동의했다. 이웃을 눈에 보이는 대로 판단하면서 어떻게 그들에게 '사랑'이라는 하나님의 복음을 전할 수 있겠는가 말이다.

내가 아들을 비롯한 모든 사람을 대할 때 그전과 달리, 하나님께서 명확하게 알려주신 일 외에는 어떤 판단도 내리지 않고 상대방을 있는 그대로 믿어주려 하는 측면이 조금이나마 있다면, 아마도 그때와 같은 회개의 시간을 보냈기 때문일 것이다.

그날 나는, 나라는 사람의 중심이 완전히 틀렸고 그릇되었으며 잘못되었음을 알았다. 자신의 판단을 믿고 확신하는 내가 얼마나 가망 없는 존재인지를 깨닫고, 그런 나를 예수님의 십자가에 못 박아야 한다는 사실을 고백해야 했다. 내 마음의 중심 보좌에서 악으로 물든 '나'를 내리고, 그 자리에 오직 '예수 그리스도'를 앉혀드려야 하는 이유를 나는 그렇게 알게 되었다.

그날 이후 며칠 동안 나는 가슴 쪽에 물리적으로도 불에 덴 듯한 통증을 느끼며 살았다. 성령의 불이 내 가슴속 죄악을 태우시는 듯했다. 그러면서 깨달았다. 하나님은 우리가 진정으로 회개할 때 우리 안에 스며든 악을 제거하시고 우리를 새로운 존재로 빚으신다는 사실을….

그날 나는 참된 회개가 무엇인가도 깨달았다. "하나님, 제가 회개하오니 이렇게 해주세요"라는 식으로, 당장의 형벌을 모면해 보려고 죄의 행위를 서둘러 털어놓으며 조건을 내세우는 것은 참된 회개가 아니었다. 내 멋대로 판단하고 행하는 내 마음의 중심 자체가 잘못되었음을 인정하고, 그 자리에 하나님을 모시는 일, 즉 나의 주권을 선하신 하나님께로 양도하는 일이 참된 회개였다. 내 마음에서 왕처럼 군림하던 나를 뼈아프게 쳐내고, 진짜 왕이신 하나님을 그 자리에 모시는 일, 그것이 바로 회개였다. 그와 같은 회개가 이루어질 때 우리는 마침내 새사람이 된다.

그러므로 이제부터 우리는 아무도 육신의 잣대로 알려고 하지 않습니다. 전에는 우리가 육신의 잣대로 그리스도를 알았지만, 이제는 그렇지 않습니다. 누구든지 그리스도 안에 있으면, 그는 새로운 피조물입니다. 옛것은 지나갔습니다. 보십시오, 새것이 되었습니다. 고후 5:16,17 새번역

그래서 나는 그 이후, 더더욱 기도해야만 했다. 다른 말로 하면 언제든 회개할 준비를 하며 살기로 했다. 선하신 하나님 앞에 내가 얼마나 근본적으로 악한 자인지를 뼛속 깊이 알았기에 성령께서 내 양심을 통해 "회개하라" 속삭이실 때는 언제든 엎드려 돌이키기로 했다. 동시에 성령께서 나를 향해 회개하라 하실 때는 기뻐하기로 했다. 회개의 기회가 주어졌다는 것은 이제야 내게도 참된 삶의 길이 열렸다는 뜻이기 때문이다.

지금은 기뻐합니다. 그것은 여러분이 아픔을 당했기 때문이 아니라, 아픔을 당함으로써 회개에 이르게 되었기 때문입니다. 여러분이 하나님의 뜻에 맞게 아파하였으니, 결국 여러분은 우리로 말미암아 손해를 본 것은 없습니다. 하나님의 뜻에 맞게 마음 아파하는 것은, 회개를 하게 하여 구원에 이르게 하므로, 후회할 것이 없습니다. 그러나 세상일로 마음 아파하는 것은 죽음에 이르게 합니다. 보십시오. 하나님의 뜻에 맞게 마음 아파함으로써 여러분에게 얼마나 많은 변화가 일어났습니까! 여러분이 나타낸 그 열성, 그 변호, 그 의분, 그 두려워하는 마음, 그 그리워하는 마음, 그 열정, 그 응징은 참으로 놀라운 것입니다. 여러분은 그 모든 일에 잘못이 없음을 보여주었습니다. 고후 7:9-11 새번역

나는 무력하지만

어젯밤, '큰아들 방을 노크해 볼까?'라는 생각을 잠깐 했었습니다. 오후 4시쯤인가 피곤하다며 낮잠을 자야겠다고 말하고 방으로 들어간 이후 밤늦은 시간까지 밖으로 나오지 않은 아들이 걱정되어서였습니다. 다이어트를 한다며 며칠째 저녁도 거르고 있었기에, 이 아들이 그 시간에 잠을 자는 것인지 작업에 집중하는 것인지 알 수 없었습니다.

방문을 한번 두들겨 보면 확인할 수 있지만, 뭔가 불안한 엄마의 심리 상태로 아들 방문을 노크하는 일의 뒤끝은 항상 좋지 않았습니다. "모처럼 자는데 왜 깨워요?"라는 말을 들을 확률이 컸습니다.

그래도 예전 같으면 불안한 제 마음을 못 이겨 아들 방을 살짝 노크해봤을 겁니다. 낮부터 그때까지 잠을 잔다면 필경 새벽 두어 시에 깨어 아침까지 잠을 못 이룰 테고, 그러면 수면 리듬이 깨져 며칠 까칠하게 살 것이라는 계산으로 아들의 삶에 개입하게 되는 것입니다.

그러나 이제 저는 자식을 포함하여 인생의 모든 문제를 기도로 풀기로 결심한 터였습니다. 그것은 곧, 내 생각과 뜻을 따라 움직이지 않고, 하나님께 아뢰고 구하며 하나님께서 하실 일을 기다리기로 했다는 뜻입니다.

누구를 바라보든 제 마음의 중심에서부터 하나님만이 그들 인생의 주관자라는 사실을 인정할 때, 비로소 저는 성급하게 행동하는 어리석음을 멈추고 하나님께로 가서 기도할 수 있게 됩니다. 그렇게 사람을 향하신 하나님의 주권을 믿고 기도할 때 제 영혼은 염려 대신 안식을 누리기도 합니다.

밤 10시. 주님 안에 안긴 채 이 문제를 하나님께 아뢰었습니다. 10년 넘게 해결되지 않았던 이 아들의 수면 문제를 하나님께서 해결해주시길 구했습니다. 뭔가를 해야만 한다는 강박 속에서 잠자는 것을 아까워하고 그래서 잠들기가 어려운 이 아들이 오늘은 아침까지 모든 긴장을 풀고 푹 잘 수 있게 해달라고, 그리고 내일은 맑고 상쾌한 모습으로 하루를 지내게 해달라는 기도를 드리고 저도 평안히 잠을 청했습니다.

다음 날인 오늘 아침, 식사를 준비하는데 7시 즈음에 큰아들이 방에서 나옵니다.

"엄마, 어제 7시에 잤는데 무려 12시간을 내리 잤어요."

그 말에 속으로 놀랐습니다. 초저녁에 잠들어서 아침까지 자는 일은 이 아들에게 극히 드문 일이기 때문입니다. 그래도 저는 호들갑을 떨지 않고 덤덤히 반응했습니다.

"그래? 잘했네. 푹 자서 다행이다."

"잠 많이 자서 칭찬받아보긴 처음이에요."

아들은 내리 12시간을 자서인지 다른 때보다 더욱 컨디션이 좋아 보였습니다. 종일 글을 쓰고 그림을 그리는 등 공모전 준비에도 열심입니다. 그러다 오후 4시쯤, 제 작업실로 와서 여러 아이디어를 쏟아놓습니다. 아들은 요즘 청년답게 예리하고 창의적인 말을 많이 하는 편이라 50대인 엄마가 못 알아듣는 내용도 더러 있습니다. 그래도 저는 그저 미소를 지으며 고개라도 열심히 끄덕여줍니다. 그러자 이 아들이 이런 말을 했습니다.

"말할 사람이 없으니까 엄마한테 자꾸 와서 방해하게 되네요. 친구가 없어서 그런 건데, 이제는 친구를 만들기 위해서라도 밖으로 나가야겠다는 생각이 들어요. 학교생활이나 유학생활도 그려보게 되고요. 제 상태가 조금씩 그게 가능해지는 것 같아요. 영어에 좀 귀가 트이는 것 같아서 밖에 나가 외국인을 만나 말을 걸어보고 싶은 생각도 들고요. 이제 조금씩 노력해볼게요."

밝은 얼굴로 그렇게 말하고 방으로 돌아가는 아들을 보며 또 한 번 놀랐습니다. 몇 달째 집에서만 칩거 중인 아들에게서 나온 그 말은 하나님께만 올려드렸던 제 기도에 대한 응답이라 믿어졌으니까요.

물론 아들이 그 말을 했다고 해서 당장 행동화하는 것은 아닐지라도, 제가 한 마디 뻥긋하지 않았음에도 아들의 입에서 "밖에 나가고 싶은 마음이 든다"라는 말이 나왔다는 것이 중요한 일입니다.

아들이 건강한 삶을 지향하고 그런 삶을 향해 움직이도록 하나님께서 이 아들의 마음과 생각을 다스려주시기를 기도했던 시간이 떠오를 수밖에 없었습니다.

'오직 기도로'라는 말. 오랫동안 제 삶에 끌어오지 못한 채 살았습니다. 기도로 해결하려 하기보다 제힘으로, 제 말로 해결하려는 태도가 몸에 배어 있었기 때문입니다.

그렇게 제힘에 기댄 열심으로 살다 보니 결국 찾아드는 것은 무력감뿐이었습니다. 내 안에는 구원을 이루기 위한 요소가 아무것도 없다는 절망 앞에 다다랐지요. 우리에게 필요한 모든 것은 오직 하나님 안에서만 찾을 수 있다는 것이 그제야 보였습니다.

그래서 저는 전심으로 엎드려야 했습니다. 나의 영혼이 하나님만을 바라며 오직 기도로만 해결하기로 한 것입니다. 하나님, 그렇게 저는 기도하기로 했습니다. 나이 오십이 넘은 지금에서야 "오로지 무력한 자만이 진심으로 기도할 수 있다"라는 오 할레스비(Ole Hallesby)의 말뜻을 알아듣고, 자식의 일이든 교회의 일이든 민족의 일이든 오직 기도로 해결하려고 씨름하듯 기도하기 시작했습니다.

그래도 감사합니다. 아니, 그래서 감사합니다. 이제라도 제가 아무것도 할 수 없는 무력한 존재임을, 그러나 하나님은 그런 제게 기도를 통해 모든 좋은 것을 주시려고 준비해 놓으신 분이심을 알게 해주셨으니 말입니다.

그런 하나님을 찬양합니다. 그런 하나님께 감사합니다. 그리고 그 하나님께 다시 기도로 나아가겠습니다. 멈추지 않고, 끈질기게, 지속적으로 주님만 붙들겠습니다.

Chapter 4

가장
영적인 기도

만남의 광장에서 나는 기도하기로 했다

강력한 기도란

선배들로부터 복음을 소개받았던 대학 시절, "하나님은 인격적인 분이시다"라는 말을 참 많이도 들었다. 인격적이라? 처음에는 그 말뜻이 선뜻 이해되지 않았다. 사람의 품격, 혹은 됨됨이를 가리키는 '인격'이란 단어를 어떻게 하나님께 적용해서 쓸 수 있단 말인가?

그런 의문은 "하나님은 석상도 아니고 고기능을 수행하는 컴퓨터도 아니다"라는 말에서 어느 정도 해소되었다. 하나님은 영(靈)이시지만 그분도 인간처럼 지(知), 정(情), 의(義)를 가지신 존재, 즉 모든 것을 아시고 모든 감정을 느끼시며 변화에 대한 강력한 의지를 가지신 인격체라는 얘기였다. 물론 하나님의 지정의는 인간의 그것에 비해 더없이 크고 넓고 높고 깊은 차원일 터였다.

그럼에도 인간이 '하나님의 형상'을 따라 창조되었다는 점에서, 우리는 예수 그리스도를 믿음으로 하나님과의 인격적 교류(지정의의 교류)가 가능한 사람들이 되었다. 따라서 인격체이신 하나님께 가서 우리의 마음과 생각을 나누는 것이 신앙에서 가장 중요하다는 것을 선배들은 내게 강조하고 있었다.

이를 종합하다 보니 당시에도 나는 "기도란 무엇인가?"에 대해 다음처럼 결론 내릴 수 있었다. 기도란 나의 지, 정, 의를 다 활용해 전인격적으로 그분과 소통하는 일이었다. 나를 아시고 나를 향한 감정도 가지시며 나를 위해 모든 것을 행하실 의지가 있는 하나님 앞에 나아가, 하나님에 대한 올바른 지식으로 내 감정과 믿음의 의지를 표현하는 것이 기도였다. 한 마디로 인격과 인격, 마음과 마음의 상호적인 만남, 그것이 기도였다.

기도에 대한 이 개념을 알고 나니 나는 '기도의 일방성'에서 벗어날 수 있었다. 하나님은 석상이나 기계가 아니시니 내가 원하는 바를 얻기 위해 일방적으로 주문을 외우고 끝내버리거나 기계적으로 입력하듯 나열하는 기도는 기도가 아니었다.

그렇다면 보이지 않는 하나님의 지정의, 즉 그분의 인격이 어떠하신지에 관해 우리가 어떻게 알 수 있을까? '하나님은 이런 분일 거야'라는 저마다의 상상만을 종합해 하나님의 인격을 논한다면 그것은 우리가 만든 신이지 우리를 창조하신 하나님에 대한 바른 지식이 아닐 것이다.

그래서 하나님께서는 하나님의 아들 예수 그리스도를 이 땅에 보내심으로 하나님의 인격을 보여주셨다. 구약성경에 기록된 메시아 예수님에 대한 예언과 신약성경에 성취되어 기록된 예수님의 행적과 말씀을 통해 이를 이해할 수 있게 하셨다.

하나님의 창조주 되심과 아버지 되심을 알려주셨고, 예수 그리스도를 십자가 제물로 죽이시면서까지 우리를 구원하셔서 영원토록 우리와 함께 사실 의지를 가지신 분이 하나님이심을 알려주셨다. 하나님께서는 이처럼 하나부터 열까지, 오직 예수 그리스도를 통해 하나님에 대한 지식과 하나님의 감정, 하나님의 의지를 알려주셨다.

나는 종종 그 예수님에 대해 묵상하다가, 거룩하고 완전하신 예수님이 하늘 보좌에만 머물러 계셨다면 과연 하나님과 우리와의 인격적인 만남이 가능했을까 상상해보곤 했다. 만약 그러셨다면 완전하신 신(God)께서 연약하고 겁 많고 상처받고 쓰러지는 인간의 한계에 대해 어떻게 감정적으로 교류하며 공감하실 수 있으셨을까?

하지만 더는 그런 상상을 할 필요가 없었다. 하나님이신 예수님께서는 이미, 가장 낮은 인간의 모습으로 오셔서 (우리가 겪을 수 있는) 모든 질고를 다 겪으심으로써 우리를 완벽하게 다 '아셨기' 때문이다. 즉 우리가 어떤 상처를 입어 누군가에게 갔을 때, 그것을 겪었고 극복해본 고매한 인격의 사람에게서만 들을 수 있는 공감과 위로와 소망의 말을 예수님은 완벽히 해주실 수 있는 분이 되셨다.

"내가 그걸 안다. 나도 그걸 겪어봤거든. 너의 상처와 한계와 수치와 슬픔을 나는 잘 안단다."

성경에서 예수님에 대해 "그는 우리의 연약함을 동정하지 못하시는 분이 아닙니다. 그는 모든 점에서 우리와 마찬가지로 시험을 받으셨지만, 죄는 없으십니다"(히 4:15)라고 말씀하신 것은 그런 뜻이었다. 거룩하고 완전하신 분이면서도 동시에 인간으로서의 한계를 지닌 채 모든 고통을 겪으심으로써 우리의 연약함을 속속들이 다 아시는 하나님, 그분이 바로 예수님이시다.

그런 예수님이 우리 곁에 계시기에 이제 "주님이 우리를 다 아신다"라는 말을 이렇게 풀어 해석할 수 있다. 그분은 하나님께 도움을 요청할 수밖에 없는 내 삶의 연약한 상황들도 직접 겪어서 다 아시고, 미약한 기도밖에 드리지 못하는 나의 영적 연약함도 다 아시며, 그럼에도 나의 영혼 깊숙한 곳에서 무엇을 구하는지도 다 아시고, 그것을 어떻게 해결해야 하는지도 전능자의 시점에서 다 아신다. 그래서 예수님은 우리가 마음과 의지를 다해 그분을 찾을 때 그분의 전인격으로 우리를 만나주시며 진정한 회복의 삶으로 이끌어주신다.

한 번이라도 예수님과 이런 회복의 만남을 가져보았다면 그분과의 인격적인 교류야말로 삶을 온전함으로 이끄는 '가장 영적인 기도'라는 데에 동의할 수 있을 것이다. 기도의 사람이 된다는 것은 다른 게 아니라, 매 순간 주님과 인격적으로 만나며 사는 일이라는 데에도 수긍하게 된다.

기도의 사람 오 할레스비가 "하나님과 자연스럽게 삶을 나누는 것이 가장 강력한 영의 기도"라 말한 이유도 그와 같은 맥락일 것이다. 내 마음과 생각을 그대로 갖고 가서 하나님과 인격적으로 만날 때, 치열한 영적 세계에서의 진정한 승리가 주어진다는 뜻이다.

실제로 아무리 불안하고 두렵고 심지어 악한 영의 공격을 받더라도, 그 모든 상황보다 크신 하나님께 가서 하나님과 연합하면 자연스레 귀신이 떠나가고 영적 전쟁이 평정된다. 하나님과의 인격적인 만남은 그 자체로 어떤 축사기도보다도 더 강력한 능력을 지녔다는 것이다.

언제인가 나는, 상한 갈대와 같은 나의 인격 그대로를 안고 가서 그분의 완전하신 인격 안에 안김으로 악한 영들의 시달림에서 벗어난 적이 있었다. 영적 세계에 대한 나의 지식, 상처에 대한 나의 감정, 생에 대한 나의 의지까지 한순간에 그분께 다 쏟아 넣은 그 순간에 이르러서야 나는, 끝날 것 같지 않은 적들의 공격이 무력화됨을 볼 수 있었다.

이제는 말할 수 있다

그날(?)을 얘기하자면 부득불 청소년 시절을 돌아봐야 한다. 내 인생의 첫 트라우마이자 내 힘으로는 결코 풀 수 없을 것 같은 숙제를 떠안게 된 그 시절의 장면들을….

당시 나는 우리 동네에서는 유일하게 혜린(가명)이라는 친구와 같은 고등학교에 배정되면서 그 친구와 절친이 되었다. 신기하게도 생김새나 체격까지도 비슷해서 가끔 쌍둥이냐는 질문까지 받았던 우리는 제주도 시골 동네에 살면서 육지에 있는 명문대 진학을 목표로 공부하던 학구파이기도 했다. 그래서 우리는 종종 시험 기간마다 잠을 쫓으려고 서로의 집에서 같이 공부하다가 새벽 1시경에 집으로 돌아가기도 했다.

'영혼의 일기'라는 노트를 마련해 한 번은 내가, 한 번은 친구가 쓰는 식의 소녀적 감성을 발휘하며 우리만의 추억도 쌓아갔다. 둘 다 어른 말을 잘 듣는 순둥이면서 경쟁심은 유독 많은 악바리 기질을 지녔다는 점도 비슷했다.

조금 다른 점이 있다면 이 친구가 나보다 훨씬 똑똑한 수재였다는 것과 유독 가정환경이 불우했다는 점이다. 부모님 두 분이 이혼하신 후 각각 재혼하셔서 친구는 어린 시절부터 고모할머니와 단둘이 살아야 했지만 그런 환경에서도 학교생활을 잘해나가는 모범생이었다.

그러다 고3 2학기, 입시 스트레스가 극에 달했던 때에 문제가 터졌다. 성적이 잘 나와 명문대 진학에도 어려움이 없어 보였던 이 친구가 하루는 울상을 지으며 흔들리는 모습을 보였다. 고모할머니가 "형편상 너를 육지 대학에 보낼 수는 없으니 집 근처 제주대학에 장학생으로 들어가라"라고 하셨다는 것이다. 그래서 자신이 가고 싶었던 육지 대학에 들어가려면 입시를 어마어마하게 잘 치러서 장학생으로 가는 수밖에 없다는 결론을 내렸다.

그게 친구에게 너무 큰 부담이 되었던 것일까. 아니면 그즈음에 친엄마, 친아빠에게 새롭게 펼쳐진 여러 복잡한 사건으로 정서적 타격을 입었던 것일까.

나 역시 코앞에 다가온 입시로 독서실에서 매일 쪽잠을 자가며 공부하느라 혜린이가 무엇을 고민하는지 관심조차 두지 않았던 어느 날, 2학기 첫 모의고사를 끝내자마자 친구에게 이상증세가 나타났다. 수업이 끝난 쉬는 시간마다 각 반을 돌며 알 수 없는 내용의 얘기를 하거나 울부짖거나를 반복하는 게 그것이었다. 그런 일이 며칠 지속되니 학교 전체에 '고3병에 걸린 한 여학생'에 대한 소문이 흉흉하게 나돌았다.

그럼에도 혜린이는 자신을 통제하지 못하는 뭔가에 사로잡힌 듯 쉬는 시간마다 각 반을 돌며 맥락 없는 얘기들을 쏟아내다가 수업 종이 울리면 얌전히 앉아 있다가를 반복했다. 그러면서도 자신이 정상적인 상태가 아니라는 것을 인지하고는 내게도 자신이 이상해지지 않았냐고 묻기도 했다. 결국 선생님과 친구들은 혜린이를 저대로 두어서는 안 된다는 생각에 절친인 내게 "빨리 혜린이 할머니한테 이 사실을 알리는 것이 좋겠다"라고 말했다.

할머니에게도 짐이 되기 싫어 그랬는지 혜린이는 그 며칠 전부터 내게 "우리 할머니한테 나 아픈 거 말하면 안 돼"라고 신신당부했었다. 그래서 나는 혜린이의 눈을 피해 움직이기 시작했다. 야간자율학습을 하는 혜린이에게는 몸이 아파 조퇴한다고 거짓말을 하고는 고모할머니를 찾아가 친구의 이상증세를 알려드렸다.

그러자 고모할머니는 "이런 일에 어떻게 대처해야 할지 모르겠으니 이 길로 혜린이 삼촌(그 고모할머니의 아드님)을 만나 이 일을 상의하라" 하셨고, 결국 삼촌을 찾아가 상의한 끝에, 혜린이는 그다음 날 정신병동으로 이송되었다.

나도 혜린이와 함께 병원에 따라가 담당의사에게 이 친구와 관련된 여러 사항을 말했던 기억이 난다. 나 외에는 이 친구에게 일어난 일에 대해 아무도 얘기해 줄 사람이 없다는 게 슬픈 일이었다. 그때 내가 뭐라 말하며 친구를 달랬는지는 기억이 없다. 다만 드라마나 영화의 한 장면 같은 비현실적인 일들이 펼쳐지고 있음에 대해 '왜 이런 일이 우리에게 일어났을까?'라며 아득해했던 기억만 남는다.

이후 나는 육지의 한 대학에 합격해 제주도를 떠났고 친구는 병원 치료를 받고 좋아졌다는 소식을 내게 전했다. 첫 학기를 보낸 후 여름방학 중에 혜린이와 연락이 닿아 시내 한 커피숍에서 만났을 때도 혜린이는 아프기 이전 모습과 별반 달라 보이지 않았다. 너무 독한 약을 먹어서인지 입술 양쪽 끝이 다 헐어 있었던 것과 약 기운에 취한 듯 지나치게 차분해 보였다는 것 외에는 예전의 모습으로 돌아가는 듯해 조금 안심이 되었다.

그런데 다시 한 학기를 보내고 겨울방학을 맞아 고향 집을 찾았을 때, 나는 공항에서 집으로 가는 버스 안에서 혜린이의 사망 소식을 들어야 했다. 그 충격으로 집에 들어가자마자 방구석에 앉아 울고 있는데 아버지께서 오셔서 사람이 살고 죽는 게 어디 우리 맘대로 되는 일이겠냐며 나를 위로하셨다.

다음 날, 친구의 고모할머니를 찾아가 자초지종을 들었다. 병원 치료를 받고 거의 정상으로 돌아온 혜린이가 퇴원 후 친이모 댁에서 잘 지냈다는 것, 그런데 이모와 누군가가 자신에 대해 얘기하는 것을 방문 밖에서 듣다가 쓰러져 병원으로 이송되어 안정제를 맞았다는 것, 그리고 그게 이상반응을 일으켜 쇼크사가 왔다는 얘기였다. 고모할머니는 이렇게 얘기를 마무리하셨다.

"내가 그래도 부처님을 믿는 보살 아니냐? 왜 죽었는지 사인을 밝히겠다고 우리 혜린이 몸을 해부하는 건 부처님 뜻이 아닌 것 같다. 혜린이가 그리되는 바람에 사시나무 떨듯 벌벌 떠는 그 간호사도 무슨 죄가 있겠어? 병원에서도 전례가 없던 일이라 어쩔 줄을 몰라 하는데 나무아비타불, 자비를 베푸는 수밖에 다른 수가 없더구나."

고모할머니에게 사건의 정황을 듣는 동안 내 무의식이 어떤 감정의 소용돌이 속에 휘말려 들어갔는지 나는 몰랐다. 뭔가에 머리를 맞은 듯한 충격에 휩싸였으면서도 그저 나는 평소처럼 친구들을 만나면 씩씩한 척 웃어주고 일상생활을 성실히 해나갈 따름이었다. 내 감정을 들여다보지 않은 채 그 모든 감정을 무의식의 깊은 곳에 묻어버린 셈이었다.

그러나 며칠 뒤 어느 날, 그 1년 전 겨울에 혜린이 친엄마를 만나면서 몸 둘 바를 몰랐던 기억이 불현듯 떠오르면서 얼굴이 화끈거렸다. 당시 딸의 발병에 너무나 큰 슬픔을 느꼈을 혜린이 친엄마는 나를 보시더니 눈물을 훔치며 이렇게 얘기하셨다.

"우리 딸은 저렇게 됐는데 너는 그래도 육지 대학까지 갔구나. 우리 혜린이 아팠을 때 네가 좀 더 빨리 사정을 알려줬으면 어땠을까, 하는 아쉬움이 크네. 이 병은 하루가 다르게 진행되는 건데, 발병 초기에 하루라도 빨리 병원에 갔더라면 우리 혜린이 저렇게 되지는 않았을 텐데…."

눈물을 흘리며 나를 바라보시던 그 엄마를 떠올리면서 내가 죄책감에 시달리고 있다는 사실을 처음으로 자각했다. 나는 나 살겠다고, 어디에도 의지할 데 없는 혜린이를 주의 깊게 살피지 못하고 내 진로에만 신경 썼구나, 그랬구나, 그랬구나….

그런 나의 죄책감은 며칠 뒤에 내 아버지마저 갑작스레 돌아가시면서 헤아릴 길 없이 복잡해지고 깊어졌다. 조업을 나갔던 아버지의 배가 돌풍에 휘말려 좌초되면서 바다에서 끝내 돌아가신 아버지. 내 무의식은 아버지가 내 등록금을 마련하려다 그리되셨다는 죄책감의 심연에 빠지고 말았다. 아무도 내게 그리 말하지 않았지만 나는 그 계절, 스스로 만든 죄책감, 혹은 속이는 자 마귀가 내게 건네는 참소에 휩싸여 허우적거리게 되었다.

아버지의 죽음을 애도하는 친척들을 만날 때면 그들이 속으로 나를 야단치고 있을 거라는 생각마저 들었다. 다 너 때문이야, 아버지가 저리되신 것은 가난한 살림에 육지 대학까지 들어간 너 때문이야…. 혜린이와 나 사이를 아는 동네 친구들을 만나도 친구들이 내게 그런 말을 하려는 것 같았다. 너 때문이야, 혜린이가 죽은 것은 얌체같이 자기만 아는 너 때문이야, 너 때문이야….

나는 이제 뻔뻔스럽게

제어되지 않는 악몽을 꾸기 시작한 것은 그즈음이었다.

처음 꿨던 악몽은 밤길에 혜린이네 집 앞을 지나다가 그 집에 사는 귀신과 눈을 마주치고는 기겁하는 꿈이었다. "헉, 혜린이 집에 귀신이 있었어!"라고 말하며 나는 도망치려 했고, 모든 악몽이 그렇듯 발이 땅에서 떨어지지 않는 바람에 공포에 질리다 꿈에서 깨어났다.

그런데 이후 그 꿈이 형태를 달리하더니 나중에는 귀신들로부터 직접 참소를 받는 일들이 꿈에서 재현되곤 했다. 귀신들은 특히나 내 인생에 어떤 초조감이나 거절감, 죄책감이 건드려질 때마다 내 꿈속에 나타나 나를 쫓아다녔다. 그 절정에 달했던 때가 대학 3학년을 마치고 나서였다. 하지만 이후 예수님을 인격적으로 만나면서 나는 그 괴로운 악몽의 날들에서 해방될 수 있었다(이에 대해서도 《나는 같이 살기로 했다》에서 고백한 바 있다).

그러나 삶의 굽이굽이, 헤어날 수 없는 현실적인 고난과 고통의 거친 광야를 지날 때면, 아주 이따금씩 비슷한 악몽을 꾸곤 했다. 예수님을 인격적으로 만난 뒤 내 의식에서 분명히 해결된 이 죄책감의 문제가, 내가 제어할 수 없는 무의식의 세계에서는 완벽히 해결되지 않았던 것이다. 특히나 몸과 마음이 허하거나 현실적인 고통이 나를 삼키려 들 때마다 귀신들은 통제되지 않는 꿈 속의 세계로 찾아와 나를 죽일 듯 쫓아다녔다.

그것이 오랫동안 앓은 일종의 정신질환이었는지, 아니면 무의식을 통해 파고드는 악한 영들의 공격이었는지는 잘 모르겠다. 그때 내가 짊어지고 있었던 죄책감은, 죄가 죄인 줄도 모른 채 삶을 파괴하며 사는 인간에게, 돌이켜 새 삶을 살게 하시려고 하나님께서 알려주시는 '죄의식'과는 다른 종류의 것이었다.

스스로 착하게 살아보려는 심성 여린 사람들에게 "너는 죄를 지었으니 처벌받아 마땅해"라고 하는, 속이는 자(요 8:44) 악한 영들의 공격이자 비난 앞에 주눅 든 상태였다.

인간의 심연 깊숙이 자리한 자기중심적 죄악이 발견되어 소스라 치게 놀랐다면, 그것마저도 사하시는 예수님의 은혜를 담대히 받아 들이면 되는데 내 무의식의 세계에서는 차마 그러지 못했던 것이다. "너는 죄인이야"라고 손가락질하며 나를 자신들의 종으로 삼으려 는 악한 영들의 공격 앞에서 나는 '맞아, 나는 죄인이야'라며 고개를 떨군 채 도망 다니곤 했다.

그러던 어느 한 날이었다. 아마도 내가 성경 필사를 하며 말씀의 은혜를 누리기 시작하던 무렵이었을 것이다. 그날 나는 2,3년 만에 또다시 비슷한 악몽에 시달렸다. 귀신들이 온갖 창검으로 나를 쫓 아다니며 위협을 가하는 꿈이었다. 꿈속에서 나는 ㄷ자형의 거대 한 감옥에 갇힌 채 여기서 저기로 쫓기며 그들을 피해 다녔다. 나를 죽이려 혈안이 된 악한 영들을 물리치기에는 내 능력이 너무나 미약 해서 나는 십자가를 부적처럼 내밀며 그들에게 "물러가라" 외치기 도 하고, 다시 저쪽 끝으로 날아가 "예수 이름으로 명하노니 마귀 는 떠나가라"라며 목청껏 소리도 질러봤다.

하지만 나를 표적 삼은 귀신들은 나의 그 "예수 이름으로"라는 외침이 그저 입에서 나오는 말에 불과할 뿐, 나의 인격 저 아래까지 내려간 믿음의 고백이 아니라는 것을 귀신같이 알아챘다. 꿈속에서 나는 하나님과 '함께'가 아니라 나 '혼자' 고군분투하고 있었던 것 이다.

결국 나를 비웃는 적들의 칼끝이 내 코앞에 다다랐고 그게 내 머리를 관통하면 죽을 수밖에 없는 순간을 맞이했다. 그런데 그 순간, 나는 온 마음과 지식과 의지를 다해 하나님을 불렀다.

"하나님, 차라리 저는 죽으렵니다. 제 몸과 영혼을 받아주세요!!"

나는 더 이상 적들과 싸울 기력이 없었다. 내 힘은 적들의 힘에 비할 바가 아니었다. 그것을 인지한 순간 내가 택한 것은 하나님 안에 내 영혼육을 완전히 내던지는 일이었다. 칼이 내 코앞에 다다른 그 위협적인 때에 내 무의식은 살고 죽는 것이 적들의 손이 아니라 만군의 하나님 여호와의 손에 달려 있다는 사실을 본능적으로 알아챘다. 이제 더는 나 홀로 마귀들과 싸우려고 버둥거릴 필요가 없다는 사실도 깨달아졌다.

그래서 나는 적들의 밥이 되기 직전의 그 0.001초 사이에 하나님의 품 안에서 죽기 위해 그분의 이름을 불렀다. 하나님 품 안에서라면 죽어도 좋다는 내 전인격의 고백을 하며 나는 내 모든 힘을 빼고 그분께 내 전 존재를 맡겼다.

그 순간, 놀랍게도 모든 게 평정되었다. 내가 그분을 부르며 나를 맡기기까지는 아무것도 보이지 않던 그 광활한 우주 속에, 보이는 하나님이 나타나 그 크고 넓은 날개로 나를 품어주셨다. 그것을 본 적들은 어느새 저 멀리 사라지고 없었다. 그 캄캄했던 우주 공간 속에 하나님과 나 둘만 남았다.

그가 높은 곳에서 손을 펴사 나를 붙잡아 주심이여 많은 물에서 나를 건져내셨도다 나를 강한 원수와 미워하는 자에게서 건지셨음이여 그들은 나보다 힘이 세기 때문이로다 그들이 나의 재앙의 날에 내게 이르렀으나 여호와께서 나의 의지가 되셨도다 나를 넓은 곳으로 인도하시고 나를 기뻐하시므로 나를 구원하셨도다 시 18:16–19

꿈에서 깨어났을 때 나는 비로소 긴 여행 끝에 안도의 숨을 내쉬듯 마음속으로 한 마디를 내뱉었다.

"나는 이제야 완전히 죽었습니다."

평소 즐겨 암송하던 갈라디아서 2장 20절 말씀이 생각나는 순간이었다.

내가 그리스도와 함께 십자가에 못 박혔나니 그런즉 이제는 내가 사는 것이 아니요 오직 내 안에 그리스도께서 사시는 것이라 이제 내가 육체 가운데 사는 것은 나를 사랑하사 나를 위하여 자기 자신을 버리신 하나님의 아들을 믿는 믿음 안에서 사는 것이라 갈 2:20

이후 나는 그와 같은 악몽에 다시는 시달리지 않았다. 내 무의식의 세계, 꿈의 세계에서 '나'라는 자아가 이미 죽었으니 적들이 다시 꿈속에까지 쫓아올 이유가 없어진 것이다.

그리고….

그 꿈의 연장이었는지 며칠 뒤 나는 꿈에서 혜린이를 봤다. 혜린이와 내가 고향 바닷가에서 놀다가 깊은 물에 빠지는 꿈이었다. 물에 빠진 우리는 살기 위해 허우적거렸고 나는 수면 위로 올라가려다 나도 모르게, 버둥거리는 친구의 머리를 발로 밟고 말았다. 결국 그게 디딤돌이 되었는지 나는 수면 위로 올라가 무언가를 붙잡고 살아났지만 친구는 끝내 수면 위로 올라오지 못했다.

내 청소년 시절에 일어난 그 모든 게 사고였고 생존경쟁의 세계에서 내가 어쩔 수 없이 친구를 외면했던 순간이 그렇게 꿈에서 상징화되어 나타난 게 아닌가 싶다.

이윽고 또 다른 장면도 펼쳐졌다. 이번엔 그 친구와 내가 잔잔하고 맑은 물이 흐르는 강가 상류에 다정히 앉아 있었고, 거기서 나는 혜린이에게 말했다.

"혜린아, 아무리 생각해도 나는 너에게 좋은 친구가 되어주지 못한 것 같아. 그거… 정말로… 미안해."

이 말을 하면서 내 눈에선 눈물이 주르륵 흘러내렸다. 25년 가까이 마음속에 품고 있었고 언젠가 꼭 하고 싶었던 그 말을 나는 가까스로 친구에게 건넸다. 뒤이어 이렇게도 말했다.

"혜린아, 나는 나밖에 모르는 죄인이더라. 그래서 나는 많이 괴로웠어. 그런데 이제 나는 그런 나를 위해 예수님이 십자가에서 죽으시고 부활하셨음을 100퍼센트 믿으려고. 나는 이제 주님의 보좌 앞으로 뻔뻔스럽게 나아갈 거야."

꿈속에서 나는 히브리서 말씀을 떠올리며 그 말을 하고 있었다.

그러므로 우리는 긍휼하심을 받고 때를 따라 돕는 은혜를 얻기 위하여 은혜의 보좌 앞에 담대히 나아갈 것이니라 히 4:16

언젠가 나는 어느 목사님에게 이 본문 설교를 들은 적이 있었다. 그 분은 이 말씀의 '담대히'라는 단어를 '뻔뻔스럽게'로 대체할 수 있다고 하셨다. 뻔뻔스럽지 않고서는 흠 많고 죄 많은 우리가 거룩하신 하나님께로 나아갈 수 없는 존재라는 것, 그렇기 때문에 예수께서 우리를 위해 십자가에 달려 죽으셨다는 믿음을 가지려면 이 '담대함', 즉 '뻔뻔스러움'이 필요하다는 말씀이셨다.

나는 꿈에서도 그 설교를 기억했는지, 혜린이에게 '뻔뻔스럽게'란 단어를 쓸 수밖에 없는 나의 죄됨을 말하며, 이제는 나도 그 죄를 회개하고 돌이켜 담대히 하나님께로 나아가겠다고 고백했다.

오랜 세월 악한 영의 공격에 시달리는 동안, 나는 뼛속 깊이 알았을 것이다. 이 말씀에 응하지 않고 나 스스로 해결할 수 없는 죄의 문제를 떠안은 채 살면 "너는 죽어 마땅한 죄인이야"라고 정죄하며 달려드는 악한 영들의 공격에 도저히 맞설 수 없다는 사실을.

나는 지금도 시골 고향에 내려가면 이를 확인하곤 한다. 성경에서 그 존재를 알려주는 '악한 영'들은 인간이 저지르는 죄악과 죄책감, 또 무지함을 이용해 우리 이웃들을 얼마나 협박하며 그들을 노예로 삼으려 하는지 모른다. 그래서 어떤 이들은 이 시달림을 감당하지 못해 집에 우환이 생기면 무당을 불러 귀신을 꾸짖는 굿을 하고, 그러고서도 해결이 안 되면 수십만 원, 수백만 원짜리 부적을 사 와서 집에 붙여놓는다. 그래도 마음이 안 놓이면 어떤 사람은 베개 밑에 식칼을 놓고 잠을 청하기도 한다. 마음 깊이 스며든 죄의 문제 속에서 불안과 두려움과 공포를 해결하지 못한 채 마지막 심판의 날을 향해 가고 있는 것이다.

그간 고향에서 그런 어르신들을 볼 때마다 내 영혼은 정말 외치고 싶었다. 우리 죄를 속해주신 예수님을 의지하여 담대히 하나님께 안김으로 이제는 속죄함과 자유함을 누리는 그리스도인으로 살아가자고 말이다. 귀신들은 우리를 협박하며 공포감을 조장하는 영이지만, 우리 예수님은 그것에서부터 우리를 구원하시려고 오신 사랑의 하나님임을 항상 알리고 싶었다.

그날 꿈속에서 혜린이를 만났을 때도 나는 혜린이에게 예수님이 바로 그런 분이심에 대해 말하고 있었다. 나는 이제 정말 나를 위해 죽으신 예수님의 보혈을 의지해 자유하는 삶을 살겠노라고, 어떤 죄 문제도 해결하시는 예수님의 피만을 온전히 의지하겠노라 말하고 있었다. 그러자 혜린이가 그 고운 미소를 지으며 조용하고도 평화로이 고개를 끄덕였다.

그리고 다시 며칠이 지났다. 문득 혜린이와의 일이 떠오르던 날 밤, 나는 고등학교 시절부터 겪었던 일의 전모를 남편에게 털어놓왔다. 내가 왜 20년도 넘게 악몽에서 벗어날 수 없었는지에 관한 정리가 어느 정도 된 시점이라 그제야 마음 편히 말할 수 있었다. 하지만 단 하나, 해석이 분명치 않은 부분을 남편의 도움을 입어 해석하고 싶었는지 혜린이가 정신병원에 입원하기 전날 혜린이 집에서 함께 보냈던 그 밤의 이야기를 남편에게 처음으로 들려주었다.

그날 밤, 친구는 내게 예수님의 십자가를 소리 높여 외쳐댔다. 이제 자신은 대학에도 갈 수 없게 되었노라 말하며 울다가 웃었다가를 반복하더니 갑자기 종이 한 장을 꺼내 십자가를 크게 그리며 내게 말했다. 사람이 아무리 좋은 것들을 꿈꾸며 발버둥을 쳐도 그 모든 몸부림이 다 허망하다는 전도서 말씀과 함께, 예수님의 십자가 죽음과 부활만이 우리를 궁극적으로 좋은 데로 인도한다는 얘기였다.

전도자가 이르되 헛되고 헛되며 헛되고 헛되니 모든 것이 헛되도다 해 아래에서 수고하는 모든 수고가 사람에게 무엇이 유익한가 전 1:2,3

그리스도께서 살아나지 않으셨다면, 여러분의 믿음은 헛된 것이 되고, 여러분은 아직도 죄 가운데 있을 것입니다. 고전 15:17 새번역

그날 나는 혜린이가 난데없이 예수님 얘기를 꺼냈다는 사실에 정말이지 놀랐다. 우리가 다니던 미션스쿨에서 신부님이 성경을 가르

쳐주실 때도 이 친구는 자신을 거두어준 고모할머니를 위해서라도 자신은 절대로 예수를 안 믿을 거라고 말하며 경계심을 늦추지 않았었다.

그런데 모든 게 급격하게 무너지던 그 시점에 혜린이는 '예수님의 십자가'를 말하며 이 예수를 믿어야 한다고 설파하고 있었다. 하지만 친구가 외치는 방식이 마치 영화에서 이단사이비들이 외치는 모습과 같아 보여서 나는 너무 무섭고 두려웠다. 막다른 데로 몰린 이 친구가 이젠 종교적으로 회피하려 한다는 느낌마저 받았다.

그러나 내 얘기를 다 들은 남편은, 그때 그 친구가 예수님을 마음 중심에 모신 게 아니었겠냐며 내 어깨를 다독거렸다. 병중이라 인간이 듣기에 산란한 고백을 했을지라도, 마음 중심을 보시는 하나님께서는 혜린이의 그 분명한 십자가 신앙고백을 받으셨을 거라는 얘기였다. 혜린이의 아픔을 아시고, 이후 병동에서 갑자기 죽음을 맞이할 것도 아시는 하나님께서, 친구에게 이미 구원의 길을 열어놓으심으로써 영원한 생명의 길로 인도하셨을 거라는 소망의 말도 덧붙였다.

그 말에 나는 며칠 전에 꿨던 꿈속 장면을 다시 한번 떠올려봤다. 친구는 내가 "이제 나는 나를 위해 예수님이 십자가에서 죽으셨음을 100퍼센트 믿으려고. 나는 이제 주님의 보좌 앞으로 뻔뻔스럽게 나아갈 거야"라고 말할 때 미소를 지으며 고개를 끄덕거렸다. 마치 내게 "너 그거 이제 알았니? 예수님만이 길이고 생명이신 걸 나는 진작 알았는데"라고 말하는 듯했다.

그 장면을 기억하던 내 얼굴에도 미소가 번져나갔다. 그리고 그
날 이후, 혜린이를 떠올리는 내 마음 안에는 두려움이나 공포가 아
닌 소망과 감사가 주된 감정이 되었다. 나는 이제 혜린이를 슬프지
만 평안과 소망 중에 추억할 수 있게 되었다.

친구와 얘기하듯이

이스라엘이 애굽에서 노예로 살던 시절, 하나님께서는 모세라
는 지도자를 보내 이스라엘을 종살이에서 해방시켜 광야로 이끄셨
다. 이는 마치 사단의 노예가 되어 악한 영에 시달리고 쫓겨 다니
던 우리에게 예수님을 보내서서 사단의 종살이에서 해방해주신 일
과 같다.

그러나 이스라엘은 종살이에서 해방되는 은혜를 받았어도 이후
거칠고 험난한 광야생활에 지쳐 온갖 불평을 늘어놓았다. 그들은
광야에서 "애굽에 살던 때가 좋았지. 그땐 비록 노예였지만 집도 있
었고 고기도 먹었고 부추도 먹었지"라는 말들을 뱉곤 했다.

살다 보면 우리도 그럴 때가 있다. 현실적으로만 보자면 예수 믿
기 전엔 이보다 더 나은 삶을 살았다는 생각에 '하나님은 왜 우리를
예수 믿게 해서 고달픈 삶을 살게 하시나?' 하고 회의에 빠지기도

한다. 그래서 어떤 이들은 '예수 믿어봐야 달라지는 것이 없네'라며 지나온 애굽 땅으로 돌아가 버린다. 그게 끊임없이 우리를 유혹하는 마귀의 속삭임에 넘어가 버린 것인 줄도 모른 채 말이다.

만약 하나님께서 이스라엘 백성에게 주시려는 젖과 꿀이 흐르는 가나안 땅이 없었다면 이스라엘의 광야 행진은 별 의미가 없었을 것이다. 그러나 가나안은 분명 있었고 하나님께서는 그 가나안을 주시려고 이스라엘을 애굽에서 탈출시켜 광야 생활을 하게 하셨다. 광야를 지나는 동안 애굽의 종노릇하던 옛사람의 잔재를 벗고, 오직 선하신 하나님의 통치를 받는 새사람이 되어 가나안에 입성하도록 하셨다.

우리 인생도 마찬가지다. 만약 하나님께서 예비하신 천국이 없다면, 우리는 이 땅을 사는 동안 굳이 누구의 지배를 받으며 사느냐에 의미를 둘 필요가 없다. 마귀의 종노릇을 하며 애굽에서 산다 한들 마귀가 우리에게 더 좋은 것들을 준다면 그걸 받아 살다가 죽으면 그만이다. 죽음으로 모든 게 끝난다면 말이다.

그러나 성경은 우리 인생이 들의 꽃처럼 잠시 피었다 지고, 그 후에는 반드시 심판이 있다고 말씀한다. 이 세상의 삶은 잠시이고 죽음 이후 진짜 세상이 열린다는 것을 분명히 한다.

한번 죽는 것은 사람에게 정해진 것이요 그 후에는 심판이 있으리니 히 9:27

어쩌면 우리 영혼은 이와 같은 심판이 있음을 알기에 죽음 앞에서 벌벌 떠는지도 모른다. 그때가 되면 공의로우신 하나님 앞에서 우리 죄를 귀신같이 알아내어 귀신같이 정죄할 악한 영들이 날뛰며 우리를 고소할 것을 알기에 그토록 죽음을 두려워하는 것이다.

하지만 누구라도 맞이하게 될 그 죽음의 순간에 하나님께서는 우리가 예수님의 보혈을 의지해 담대하게 하나님의 품 안에 안기기를 원하신다. 악한 영들의 정죄 앞에서 "내가 죄인인 건 맞지만 예수님의 보혈로 의로움을 입었어", "예수님이 내 죗값을 다 치르셨어"라고 담대히 외치며 거룩하신 하나님께로, 그 천국 안으로 들어가길 바라신다.

그래서 하나님께서는 그날이 오기 전에 우리가 우리의 죗값을 치르신 예수님을 믿고 하나님과 인격적으로 만나며 이 거친 광야 길을 힘차게 걷길 바라고 또 바라신다. 그러면 비록 광야라 해도 훗날 천국에서 누릴 하나님의 임재 속에서 오는 천국의 기쁨을 미리 맛보며 자유의 삶을 살아갈 수 있기 때문이다.

이스라엘을 출애굽시켜 그 힘든 광야 여정을 이끌었던 모세에 관한 성경 구절은 이를 확인시켜 준다. 하나님께서는 광야의 거친 여정을 이끄는 모세를 인격적으로 만나주시며 그 길에 동행하셨다.

사람이 자기의 친구와 이야기함같이 여호와께서는 모세와 대면하여 말씀하시며… 출 33:11

마음이 통하고 말이 통하고 생각이 통하는 친구와 교제할 때만큼 좋은 때가 어디 있을까. 아무리 힘든 일이 있어도 그런 친구와 만나 인격적인 대화를 나누고 나면 속이 뻥 뚫리고 다시 살아갈 용기를 얻는다. 하나님은 모세에게 그와 같은 친구가 되어주셨다.

그렇다면 하나님께서 우리라고 그렇게 안 해주실까? 아니다. 하나님께서는 우리 모두에게 그와 같은 친구가 되어주신다고 약속하셨다. 친구가 되어 우리와 인격적인 만남을 이어가길 하나님께서도 원하시기 때문이다.

하나님은 우리가 그분께 와서 우리 마음의 아픔과 슬픔도 나누고, 불안과 불안정한 생각도 나누고, 아둔한 지식도 나누기를 원하신다. 그렇게 하나님과 동행할 때 그분은 하나님의 완전한 지식과 아름다운 성품과 믿음의 의지를 우리에게 불어넣고 싶어 하신다. 하나님과 평생 동행하는 사람들이 어느 순간 자신도 모르게 하나님의 인격을 닮은 새사람으로 변화 받게 되는 것은 이 때문이다.

… 여러분은 옛사람을 그 행실과 함께 벗어버리고, 새사람을 입으십시오. 이 새사람은 자기를 창조하신 분의 형상을 따라 끊임없이 새로워져서, 참지식에 이르게 됩니다 골 3:9,10 새번역

수년 전 어느 날, 나는 마침내 꿈속에서도 하나님과 인격적인 만

남을 갖는 은혜를 누렸다. 그 순간을 통해 나는 하나님과의 인격적인 만남을 통한 연합이야말로 세상 어떤 악의 문제도 해결할 수 있는 가장 강력한 기도임을 알게 되었다.

내 지식과 감정과 의지를 다 동원해 하나님께 나를 던지는 순간, 그분은 그 넓고 깊고 따뜻한 인격으로 나를 품으시고 나를 새롭게 하셨다. 내 평생 절대로 풀지 못할 거라 여겼던 문제도 그 순간 스르르 풀리게 하셨다. 내 무의식 깊이 자리했던, 언제든 찾아올 수 있는 죽음에 대한 마지막 날의 공포와 두려움도 걷어주셨다. 언제 죽더라도 그것이 끝이 아니라 하나님 품에 안기는 진정한 삶의 시작임을 그때 이후 꿈 속에서도 믿게 하셨다.

그 뒤로 내 인생길에는 내 친구가 되어주시는 하나님과의 인격적 만남이 계속해서 이어지고 있다. 문제가 생기면 절친에게 전화하듯 하나님께 나아가 미주알고주알 내 마음과 생각을 풀어놓게 되었다. 그러는 동안 나는, 하나님과 인격적으로 동행하는 그 시간이야말로 참된 교제이자 사귐이요 안식의 시간임을 알 수 있었다. "내 기도하는 그 시간 그때가 가장 즐겁다"라는 고백이 왜 나왔는지도 알 것 같았다.

그래서 나는 지금도 예배당이나 골방에서만이 아니라 혼자 운전하거나 산책할 때도 내 생각과 감정을 털어놓으며 모든 문제를 하나님과 함께 풀어가곤 한다. 그러면 나를 엄습하던 어두운 그림자가 어느새 걷히고 하나님의 온화한 빛이 나를 에워싸는 것을 경험할 수 있다. 하나님과의 인격적인 만남이야말로 어둠의 진영을 무너뜨리는 가장 강력한 능력의 기도요 영적인 기도임을 때마다 알게 되는 것이다.

기뻐할 수 있는 이유

    하나님, 유독 힘든 일주일을 보냈습니다. 마음 한 켠 의지했던 동역자 부부가 우리 교회를 떠났고, 마음 깊이 사랑하고 아끼는 이의 사고 소식이 들려왔으며, 우리에게 은혜 주셨던 분이 코로나로 인해 떠나셨다는 소식까지 듣다 보니, 제 마음자락이 겨울바람처럼 휘청거렸습니다.

    힘들어하는 제 모습을 보이면 남편이 목회의 중심을 잡고 가는 일에 흔들릴까 봐 혼자서 끙끙거렸는데, 남편 역시 같은 마음으로 일주일을 버텨낸 것 같습니다. 마음의 기쁨이 다 사라져버린 듯한 시간이었습니다. 그러다 오늘 아침, 주일 준비를 하며 크리스마스 캐럴을 듣던 저는 "그 어린 주 예수"로 시작되는 곡에서 어린 시절로 추억 여행을 떠나게 되었습니다.

    아마도 초등학교 3-4학년 즈음이었을 겁니다. 우리 동네 교회에 처음 나갔다가 이 캐럴을 처음 배운 저는 크리스마스 무대에 올라 독창으로 이 곡을 불렀습니다. 교회 이름이 '시온성교회'였던 것 같아요. 육지에서 내려온 한 여자 전도사님은 교회 건물을 따로 세울 돈도 없었는지, 동네에 초라한 방 한 칸을 얻어 몇몇 아이들만 데리고 그 교회에서 사역했었습니다.

지금 돌아보니 그 분이 그때 얼마나 깊은 선교사적 헌신으로 교회를 세우고 섬겼는지를 깨닫게 됩니다. 기독교에 대해 워낙 배타적인 동네다 보니 그 교회로 모이는 이들은 아이들 몇이 전부였고 그것도 크리스마스 즈음에만 모여들곤 했으니 말입니다. 저 역시도 동네 언니의 권유로 몇 날 밤을 그 교회에 다니며 이 곡을 배우고는 관객도 없는 성탄절 무대에 섰었습니다. 그 후에는 엄마, 아버지가 무서워 다시는 그 교회에 다니지 않았었지요.

그러나 하나님, 오늘 아침 이 곡을 듣다 보니 이제야 깨달아졌습니다. 그 어린 주 예수님은 그때 이미, 천지 분간을 못 하는 어린 제 가슴 속에 조용히 찾아오셨고 이후 한시도 저를 떠나지 않으셨다는 것을요. 그 생각을 하니 어두웠던 제 마음에 환한 빛이 비치는 것 같았습니다. '아, 주님이 그때부터 내게 찾아오셨지? 나한테는 주님이 계시지?'라는 생각에, 기뻐해야 할 분명한 이유를 되찾게 된 심정이었습니다.

그리고 오늘 밤, 주일 사역을 마치고 1주일치 장까지 다 보고 와서는 혼자서 다시 집을 나섰습니다. 남편은 그 시간에도 '오늘은혜'라는 새벽예배 영상 준비로 바쁘고, 두 아들은 시험 기간 등등으로 자기 일에 몰두하고 있어 저 혼자라도 걸으려고요. 걷기를 며칠 게을리한 탓에 소화가 안 되고 식욕도 없는 저를 더 이상 방치하면 안 되겠다는 생각도 들었습니다.

그렇게 걷게 된 저녁 산책길. 적막한 동네를 한 바퀴 돌고 두 바퀴 돌면서 주님과의 대화를 이어갔습니다. 사역에 대한 의욕 저하와 왠지 모를 허무감에 축 처진 제 마음을 주님께 그대로 고하고는 이렇게 말씀드렸습니다.

"하나님, 저는 하나님 앞에 여전히 작은 아이입니다. 주님이 돌봐주지 않으시면 아무것도 못 하는 작은 아이 말입니다. 그런 저를 이제까지 돌봐주셔서 감사하고, 앞으로도 돌봐주실 것을 믿기에 감사합니다."

그저 이런 고백을 하며 아무도 없는 거리를 걷는 동안, 주님께서도 저와 함께 걷고 계심을 느낄 수 있었습니다. 그 주님께서 제 마음에 대고 이렇게 속삭이셨기 때문입니다.

그래, 안다. 걱정 마라.
그저 너는 나와 함께 이렇게 걸으면 된단다.

말씀하시는 주님이 계셔서 참 행복했습니다.

그래서였을 겁니다. 집에 돌아오니 오랜만에 식욕이 느껴져 저녁식사를 참 맛있게 했습니다. 그런 뒤에 제 입에서는 '내 평생 사는 동안'이라는 찬양이 나오더군요. 이 찬양을 흥얼거리며 설거지를 하고 샤워까지 하고 나니, 왠지 모를 기쁨의 빛이 또다시 제 영혼을 비췄습니다. 제 인생의 목적도 다시금 일깨우게 되었습니다.

내 평생 사는 동안 주님을 찬양하는 것, 그것이 주님 앞에 작은 아이인 제가 해야 할 가장 중요한 일임을 그 찬양은 제게 알려주었습니다. 예수님이 제게 오셨다는 것과 주님을 찬양하며 사는 기쁨이 제 인생에 허락되었다는 것, 저는 이제 그 두 가지를 붙잡고 살아가리라 다짐했습니다.

Chapter 5

순종이
응답의 씨앗

세상 소리에 저항하며 나는 기도하기로 했다

순종 없이는

사람은 누구나 크고 작은 고난 속에 산다. 수르 광야를 지나면 신 광야가 나오고 신 광야를 지나면 시내 광야가 나오듯, 골짜기 하나를 넘으면 또 다른 골짜기를 맞이하는 것이 인생이다. 그래서 우리는 기도해야 산다. 하나님의 도움 없이 혼자만의 힘으로 긴긴 광야를 건너 젖과 꿀이 흐르는 가나안 천국에 도달하기란 애초에 불가능하기 때문이다.

그럼에도 광야에서 기도하지 않을 때가 많다. 인생이 곧 광야임에도 불구하고 내 힘으로 살기를 고집할 때가 많다. 그러다 보니 스스로 제어할 수 없는 소용돌이에 빠지는 일도 숱하게 겪는다. 화를 잘 내는 사람은 울분의 화염으로 소중한 일상을 태워버리고, 자기애가 짙은 사람은 자기연민의 늪에 빠져 허우적댄다. 성격이 급한 사람은 조급함의 굴레를 입고 버둥거리고, 자기 확신이 강한 사람은 스스로 정한 방식만을 고집하다 자기모순의 함정에 빠지기도 한다.

어쩌면 이와 같은 실패의 길을 걸어봤기에 이제는 기도의 가치만을 붙잡아야 한다. 모든 일을 기도로 풀어간다면 이와는 다른 양상의 삶이 펼쳐지리라는 것을 기도하지 않았던 지난날의 여정이 알려주기 때문이다.

그렇다면 모든 일을 기도로 풀어간다는 것은 무슨 뜻일까? 한마디로 내게서 일어나는 모든 일을 전능자 하나님께 고하고 아뢰며 구하는 가운데 그분과 동역하며 사는 삶을 말한다. 나 혼자가 아니라 하나님과 의논하며 같이 살아가는 일, 그것이 바로 기도자의 삶이다.

그렇게 살 때 엉킨 실타래와 같았던 내면의 문제도 비로소 하나님 안에서 해결받을 수 있다. 시편의 많은 부분을 차지하는 다윗의 탄원시들이 좋은 예시다. 다윗은 그 시에서 내 속의 울분과 미움과 원수 갚고 싶은 마음과 공포의 문제들을 스스로 해결하거나 감추려 들지 않고 하나님 앞에 나아가 쏟고 쏟고 또 쏟는다. 외적인 사건보다 더 중요한 내 내면의 고통을 하나님께 갖고 나아감으로 마음에서 먼저 하나님과 연합하는 일의 중요성을 다윗의 시는 한결같이 보여준다.

이렇게 내 내면의 소용돌이가 하나님 안에서 정리되면 그때부터는 고난의 외적 문제들도 하나님 안에서 하나씩 해결받을 수 있다. 슬픔이나 절망에 휩싸이던 내 영혼이 하나님을 바라봄으로 안정을 찾으니, 당면한 문제에 대해 하나님께 '피할 길'과 '해결책'을 여쭈며 자신이 행할 바를 분별할 수 있게 된다.

여기서 중요한 것은 '하나님께 여쭌다'라는 것과 '자신이 행할 바를 찾는다'라는 것이다. "어떻게 할까요?" 혹은 "길이 무엇인가요?"라며 엎드려 여쭙는 사람은 기도의 주도성을 하나님께 내어드리는 사람이다.

그러나 우리는 간혹 기도의 주도성을 스스로 갖고 와서는 "이건 하나님도 어쩔 수 없잖아요"라며 기도를 포기하거나 "하나님이 3일 내에 이런 방법으로 응답하지 않으면 하나님이 안 계신 줄 알겠습니다"라는 식의 기도를 드리기도 한다. 이런 기도가 '기도의 주도성'을 자기 자신에게 둔 잘못된 기도라는 것도 모른 채 말이다. 피조물인 우리가 신의 입장에 서서 하나님께서 하셔야 할 응답의 방법까지도 결정하고 제한하고 명한다면 그게 어떻게 기도이겠는가?

모두가 아는 대로 응답의 주체는 하나님이시다. 우리가 기도할 때 어느 시기에 어떤 방법을 통해 그 기도에 응답하실지에 대한 주권과 주도권은 전적으로 하나님께 달렸다. 이 세상 천지만물의 움직임을 다 보고 아시는 전지전능하신 하나님만이 기도가 응답되는 방법을 아시고 그 길을 여시는 분이다.

그러므로 피조물인 우리는 성령 하나님께서 친히 기도를 이끄시도록 자신의 기도를 내어 맡김과 동시에, 그분이 응답하시는 과정의 길 위에 순종으로 동참할 준비를 해야 한다. 하나님께서 구하라 하실 때는 구하고, 가라 하실 때는 가며, 일하라 하실 때는 일하고, 기다리라 하실 때는 기다리면서 영적 여정을 이어가야 한다. 가령 병에 걸린 가족을 위해 기도한다면 낫게 하시기를 간구함과 동시에, 하나님께서 어떤 방법으로 낫게 하시든 그 길이 최상의 길임을 믿고 나도 그 과정에 믿음의 순종으로 동참할 필요가 있다.

그러나 믿음이 좋다는 사람 중에는 '오직 기도만으로' 낫기를 고집하며 기도 외에 어떤 노동도 하지 않으려는 이들이 있다. 반대로, 어떤 사람은 병원 치료만으로 병이 낫기를 바라며 기도로 세세히 하나님의 인도하심을 구하지 않는다.

하나님께서는 치유집회를 통해 낫게 하실 수도 있고(그러려면 집회에 가야 한다), 실력 있는 의사와의 만남을 통해 낫게 하실 수도 있으며(그러려면 병원에 가야 한다), 식이요법으로 낫게 하실 수도 있고(그러려면 날마다 음식을 연구하고 차리는 수고가 필요하다), 운동요법을 병행함으로 낫게 하실 수도 있는데(그러려면 땀 흘려 운동해야 한다), 하나님께서 내신 길들은 닫아버린 채 스스로 정한 한 가지 방법에만 모든 것을 걸어버리는 이들이 생각보다 많다.

실제로 조울증이나 조현병 같은 정신질환은 병원 치료를 병행하지 않으면 환자가 큰 위험에 빠지는 경우가 많다고 한다. 어떤 이유에서든 병원 치료의 길도 다 막히고 식이요법도 할 수 없고 운동도 할 수 없을 때, 그럴 때가 아니라면 기도함과 동시에 우리가 해야 할 일들을 주님께 여쭙고 순종으로 답하며 따라가야 한다.

영혼 구원을 위한 기도도 마찬가지일 것이다. 누군가의 영혼 구원을 위해 기도한다면 언젠가 나도 그에게 복음을 전할 준비를 하고 있어야 마땅하다. 한 영혼이 구원받기까지 수많은 이들에게 복음을 들어야 함을 이해한다면, 나도 그 수많은 전도자 중의 한 사람이 되려는 태도가 필요하지 않겠는가. 진실한 믿음의 기도는 언제나 '순종'과 연결되어 있음을 잊어서는 안 된다.

블레즈 파스칼(Blaise Pascal)은 "하나님이 기도를 만드신 목적은 피조물에게 '어떤 일을 유발하는 존재'로서의 특권을 부여하시기 위해서다"라고 말했다. 무슨 뜻인가? 우리가 무언가를 바라며 기도할 때, 하나님께서는 우리의 그 기도 행위와 노동이라는 행동을 통해 응답을 불러일으키신다는 뜻일 것이다.

여기서 '행동'이란 다름 아닌 하나님의 인도하심에 대한 우리의 순종이다. 그 존재 자체가 너무나 미약함에도 불구하고 하나님의 뜻이라면 순종하려는 피조물들의 작은 움직임을 통해, 하나님께서는 우리에게 응답의 위대한 과정에 동참하는 특권을 부여하신다.

그러므로 기도 응답의 역사는 하나님의 은혜의 역사이자 또한 세상 방식대로 해결하려는 태도에 대한 저항의 역사이며, 하나님의 말씀에 대한 순종의 역사라 할 수 있다. 나 역시도 지난 세월, 그와 같은 순종의 작은 걸음을 내디뎌본 일도 있었고, 순종하는 수많은 사람으로 인해 내 기도가 응답받는 은혜를 누린 일도 많았다. 피조물들의 순종을 빼고는 기도 응답의 역사를 기대하기 어렵다는 것을 그 광야의 한복판에서 수없이 목격하고 또 목격할 수 있었다.

하나님은 영업부장님

코로나가 시작되기 전 해, 그러니까 2019년도 초여름 밤이었다. 학교에서 야간자율학습을 하는 작은아들을 픽업하러 나가려다가, 남편이 먹는 영양제가 떨어진 것을 보고 남편에게 온라인 주문을 부탁했는데 뜻밖의 대답이 돌아왔다.

"그거 이번엔 주문하지 않으려고."

이유를 묻자 그제서야 남편은 교회의 어려운 재정 상태를 털어놨다. 1년여 전부터 어려웠던 교회 재정이 근래 들어 더 어려워져 얼마 뒤에는 예배당 월세를 못 낼 수도 있다는 얘기였다. 남편은 이 상태에 압박을 느껴 사례비라도 줄여야겠다 생각했는지 얼마 되지 않는 영양제마저 주문하지 않겠다고 했다.

집을 나서는데 눈물이 핑 돌았다. 통증 환자로 산 지 20년이 넘어가면서도 몇만 원짜리 영양제 하나 맘 편히 시키지 못하는 현실이 서러워서만은 아니었다. 작고 가난한 우리 교회가 마치 하나의 인격체처럼 애처롭게 다가와서였다.

십여 년 전, 남편의 요양 중에 하나님께서 교회 개척을 명하셔서 세운 담길교회. 조그만 우리 집에서 집사님 한 가정, 청년 두 명과 시작한 우리 교회가 여기까지 이르게 된 과정이 파노라마처럼 스쳐 지나갔다.

집에서 1년, 어떤 분의 사무실에서 2년을 보낸 뒤에야 우리는 조그만 상가 건물에 세 들어 7년을 보냈다. 그사이에 전도되어 온 청년들 일곱 커플이 결혼해서 아기를 낳았고, 아동부실, 청소년부실, 모자실 등이 필요해져 4년 전에야 지금의 상가 건물로 이사를 왔다. 40평에서 60평으로의 이동이어서 담길교회의 구성원들 모두 십시일반 힘을 합해 이 일을 감행했다.

돌아보면 그때부터 교회의 재정적 어려움이 시작되고 있었다. 월세가 올랐고, 50만 원으로 시작했던 목회자 사례비도 해마다 10-20만 원씩 꾸준히 올랐다. 그에 반해 지금의 건물로 이사하면서 두어 가정이 우리 교회를 떠났고, 남아 있는 교회 지체들 중 두어 분이 직장을 그만두었다. 교회를 후원하시던 몇 분의 손길도 거의 끊어졌다. 아기들을 포함해 40-50명이 모이는 작은 교회에서 그와 같은 변수가 주어지자 교회 운영은 날이 갈수록 적자가 날 수밖에 없었다.

이를 되짚다 보니 마음이 먹먹했다. 1년 전부터 재정 상태가 어렵다는 소식을 듣고는 있었지만 이렇게까지 잔고가 채워지지 않을 줄은 몰랐다. 언제부턴가 나는 기도한 일에 대해서는 더 이상 근심하지 않았기에 당연히 교회 재정도 채워졌으리라 믿었다.

담임목사인 남편은, 재정이 어렵다는 이유로 교인들에게 은연중 헌신을 강요하는 것을 싫어해서 이 사실을 공적으로 알리지도 않았다. 다만 교회 운영위원들과 상의한 끝에, 그간 담길교회가 해오던 선교사님 후원이나 이웃을 위한 구제 등을 그대로 해나가며 기도하고 기다려보기로 결의한 터였다. 그런데 이제 정말 교회 잔고가 바닥을 치게 된 것이다.

슬픔이 밀려왔다. 운전하면서 하나님께 내 슬픔을 그대로 아뢰었다. 주님의 신부인 이 교회가 해야 할 일이 너무나 많은데 한낱 물질 때문에 움츠러든다는 것이 말이 안 된다고도 말씀드렸다. 우리 교인들에게 물질을 부어주셔서 십시일반 힘을 모아 교회 운영에 탄력을 받을 수 있기를 숱하게 기도해왔건만 왜 그 기도에 답을 주지 않으시는지도 여쭈었다. 재능 많고 착한 사람들, 그러나 경제적으로 무너졌거나 기반을 잡아가는 사람들이 태반인 우리 교인들에게 하나님께서 긍휼을 베푸시기를 바라는 마음도 그대로 아뢰었다.

그러다 내 생각은 자연스레 '하나님의 뜻'에 머물렀다. 1년을 기도해도 교회 재정이 채워지지 않았다면 이 시점에서 다른 방법을 강구하라는 뜻일 수 있었다. 그리고 그 다른 방법이란 내가 조금이나마 재정을 채워 넣는 일이었다.

"하나님, 일이 들어온다면요. 일이 들어오면 책을 써서 헌금할게요. 그럴 수 있다면 저도 좋겠습니다."

나는 20년 넘게 자서전 구술작가 일을 해왔다. 자서전을 쓰려는 분들을 만나 그 분의 생애와 생각과 사상을 녹음기에 담고, 그것을 풀어 편집해서 한 권의 책으로 엮는 직업이다. 말하자면 음성언어로 고백된 내용을 문자언어로 정리해 내는 개념이었다.

창작의 개념이 아니라 편집의 확대된 개념으로 이 일에 접근하기에 나는 늘 녹음된 저자의 말투나 내용 한 마디도 놓치지 않고 그 호흡 그대로를 담아내려 애썼다. 그래야만 저자 이름으로 내는 자서전이 의미가 있다고 여겼다. 논픽션을 쓰듯 내 맘대로 저자가 한 말을 보태거나 빼버린다면, 그것은 일을 의뢰한 분을 모욕하는 일이 될 수 있었다.

나는 두 가지 원칙 속에 이 일을 해왔다. 하나는 예수 그리스도를 주로 고백하는 신앙인들의 삶을 쓴다는 것이고, 또 하나는 "이 일을 하라"라는 하나님의 감동이 임할 때만 작업을 한다는 원칙이었다. 그런 감동이 주어지지 않을 때는 도저히 진도가 나가지 않음을 나는 오랜 작가 생활에서 경험한 바 있었다.

그런 원칙 속에 이 일을 하는 지난 20년 동안, 하나님께서는 늘 나와 함께하셨다. 그 증거는 명백했다. 생활비가 떨어져 힘들다거나, 그간 부교역자 부부로서 섬겨왔던 교회가 어려워져 헌금을 하고 싶다거나, 나보다 더 어려운 이의 절박한 소식을 듣고 조금이라도 도와야 할 때면 하나님께서는 즉각 일거리를 내게 갖다주셨다. 그 소상한 과정 과정을 다 밝힐 수는 없지만, 그때마다 나는 감탄했다. 변두리 외곽에 묻혀 사는 프리랜서인 나를 위해 하나님께서 친히 일감을 구해다 주시는 것 같아서였다. 그래서 나는 하나님께 '영업부장님'이란 별명도 붙여드렸다.

그러나 저자를 만나 세세히 녹음하고 그 녹음된 것을 풀고 그것을 새롭게 구성해 저자의 호흡을 문자화하는 작업은 쉽지 않았다. 꼬박 서너 달, 때로는 6,7개월 동안 수감자 생활을 하듯 방 안에 갇혀 문자와 씨름해야 했기 때문이다. 그래서인지 나이 오십을 넘기면서부터는 목, 허리, 손가락, 팔꿈치 등에 직업병이 찾아와 더는 이 일을 하기가 힘들었다.

이를 아신 하나님께서는 최근 5년 동안 내게 장애인 활동 보조교사로서 조카아이를 돌보게 하시며 자연스레 그 일을 접게 하셨다. 신기하게도 영업부장님이신 하나님은 내가 조카를 보는 동안에는 다른 일감을 구해다 주지 않으셨다. 생활이 어렵더라도 조카 돌보는 일에 전념하라는 뜻이었다.

교회 재정이 어려웠던 2019년도에 나는 처음으로 자서전 작가 일도 안 하고 장애인 활동 보조교사 일도 그만둔 채 전업주부로 살아가고 있었다. 내 몸 상태가 외부 일을 하기엔 무리이기도 했고, 그즈음부터 "이제는 네가 겪은 일을 쓰라"라는 성령의 감동을 따라 내 이름으로 내는 첫 책을 쓰려고 준비 중이었기 때문이다.

그런데 그날, 차 안에서 하나님께 담길교회의 어려운 사정을 말씀드리며 이런저런 기도를 하던 나는 다시 외부 일을 하게 되기를 구했다. "일이 들어오면 좋겠어요. 그러면 제가 목돈을 마련해 조금이라도 교회 재정을 채울 수 있을 텐데요"라는 짧은 기도를 올려드렸다. 수년 동안 들어오지 않았던 일감이 다시 들어올 리 없다고 생각했지만 그래도 진심을 담아 내 마음을 하나님께 올려드렸다.

다음 날 오후, 점심을 먹고 나른한 기운을 이기지 못해 책을 손에 든 채 꾸벅꾸벅 졸고 있는데 모르는 번호로 전화가 걸려왔다.

"한근영 사모님이시죠?"

"네, 그런데요. 누구시죠?"

상대방은 자신을 밝히며 대뜸 이렇게 말했다.

"사모님 굉장히 유명하신 분인가 봐요. 책을 정리하는 일을 하려고 여기저기 물었더니 여기서도 사모님 이름을 대고 저기서도 사모님 이름을 대는 거예요. 이 일을 꼭 좀 해주셨으면 좋겠어요."

아, 그 말을 듣는 순간 맘속에서 탄성이 터져 나왔다.

'아, 하나님 또 영업하셨네!'

전날 드린 한마디 기도에 대한 하나님의 응답이 얼마나 신속하신지 나는 경이로움에 붙잡혀 더듬거리며 답했다.

"아, 네… 제가 어제 기도한 게 있어서… 돈 때문에… 해야 할 일인 거 같긴 하고… 일단 만나서 얘기할까요?"

하나님은 변두리 외곽에 묻혀 사는 무명의 나에게 이 일감을 주시려고 그 순간에 나를 유명인으로 바꿔 놓기도 하는 분이셨다. 결국 나는 그 일을 하기로 했다.

하지만 일을 시작하려고 남편과 상의하니 남편이 몇 가지를 조심스레 점검했다. 누가 어렵다는 소식을 들으면 발 벗고 나서기부터 했던 내 성격상, 혹시 교회에 대한 염려 때문에 내가 해결사가 되어 이 일을 하려는 것은 아닌지를 물었다. 아내인 내가 고생하는 것이 안쓰러워서, 혹은 부담감으로 이 고된 작업을 하게 될까 봐 넌지시 브레이크를 걸어봤던 것일 수도 있었다.

덕분에 나는 하나님의 뜻과 계획보다 내 생각이 앞서 이 일을 하려는 것은 아닌지 정직하게 돌아볼 수 있었다. 아니었다. 나는 단지 하나님께서 먼저 행하시는 일들에 대해 그저 한 걸음씩 따라가려는 마음이었다. 남편에게도 그런 내 마음을 전했다.

"하나님이 보실 때 지금 이 시기에 이 일을 할 만한 사람이 나밖에 없다고 판단하셨나 봐. 지금은 우리 교인들 모두가 어려우니까. 그래서 나는 기쁘게 순종하고 싶어. 아마도 이 시기가 지나면 하나님께선 또 다른 사람들의 헌신을 통해 교회를 세워 가시겠지."

그 말에 남편도 빙그레 웃으며 고개를 끄덕였다. 그런 마음이라면 해보라고 얘기했다. 그렇게 나는 일을 시작했고, 남편도 곁에서 힘껏 도왔다.

일을 시작한 지 며칠이 지난 어느 토요일 오후, 교회에서 먹을 음식 재료와 우리 집에서 먹을 식재료를 사려고 중동시장으로 건너갔다. 카트를 끌며 시장을 도는데 국물 자작하게 담근 여름열무김치가 눈에 들어왔다. 반찬가게마다 봉지에 담아 진열한 그 김치가 유독 맛있어 보였다.

'만 원어치만 사갈까?'

국수를 삶아 열무김치를 넣어 비벼 먹고 싶다는 생각에 만 원짜리 봉지에 담긴 김치를 집어 들었다가 다시 제자리에 내려놓았다. 돈 만 원이 없어서가 아니었다. 그 돈도 아껴뒀다가 헌금하고 싶어서였다. 아마도 남편이 영양제를 안 사려 했던 마음도 같은 맥락이었을 것이다. 주일에 지체들과 함께 먹을 식재료만 사서는 교회에 가서 음식 준비를 해놓고 집으로 돌아왔다.

다음 날, 주일예배를 시작하기 전, 교회 주방에서 쌀을 씻어 안치려는데 집사님 한 분이 일찍 와서 김치통 하나를 내미셨다. 열무에다 내가 좋아하는 얼갈이까지 섞어 담근 여름열무김치였다.

"사모님, 어제 낮에 누워 쉬다가 갑자기 열무김치를 해야겠다는 생각에 벌떡 일어나 장을 보고 와서 김치를 담갔어요. 내가 무슨 정신으로 이걸 했는지 모르겠네요."

당시 집사님은 무릎 수술을 하신 지 얼마 안 되어 무리하면 안 되는 상태였다. 그 몸으로 청소업체 일을 하시느라 토요일엔 꼭 쉬셔야만 하는 분이 열무김치를 담가 내게 건네셨으니 말할 수 없는 감정이 밀려들었다. 더구나 그 분은 음식 솜씨로 치자면 우리 교회에서 제일로 뛰어난 분이셨다. 어디서 사 먹는다 한들 집사님표 김치보다 맛있을 리가 없었다. 그 전날, 열무김치를 사려다 그만두었던 일이 떠올라 마음이 뭉클했다.

그런데 다음 날, 비슷한 일이 또 벌어졌다. 교회 지체인 한 자매로부터 다음과 같은 문자가 온 것이다.

엄마가 열무김치를 담갔는데 사모님 갖다 드리라 해서 교회 냉장고에 갖다 놓았어요. 갖고 가서 맛있게 드세요

우리 교회에 출석하지도 않는 그 자매의 엄마가 김치를, 그것도 내가 먹고 싶어 했던 열무김치를 한 통이나 보내주셨다니…. 나는 다시 시장에서 만 원짜리 봉지 하나를 들었다 내려놓은 일이 떠올라 하나님께 여쭈었다.

'하나님, 왜요? 왜 이렇게까지?'

다시 6일이 지나 주일을 맞았다. 그날은 우리 교회에서 '디아코니아'라는 청년 CCM 가수들을 초청해 오후 찬양집회를 하기로 한 날이라 오전예배를 마치고 분주히 오후예배를 준비하고 있었다. 그런데 집회를 코앞에 둔 시간에 옆 동네에서 사역하는 친구 김정 사모가 전화를 걸어왔다. 주일에는 도통 전화하는 법이 없던 이 친구가 왜 그 시간에 전화를 줬는지 모를 일이었다.

"사모님, 오늘 우리 교회에서 바자회를 했거든. 그런데 우리 엄마가 열무김치를 보시더니 이거 한근영 사모님 꼭 갖다 드려야 한다

고 한사코 고집을 부리시는 거야. 그래서 엄마 모시고 담길교회 가는 중이니까 5분만 있다가 교회 앞으로 내려와."

암 투병 중인 그 몸으로 어떻게 운전하려느냐고 묻고 싶었지만 이 친구는 이미 운전 중이라고 했다. 5분 후 내려가 보니 김정 사모와 그 어머니이신 권사님이 환히 웃으시며 내게 봉지 하나를 내미셨다. 국물 자작한 여름열무김치와 들기름 한 병….

아, 하나님께선 대체 무슨 말씀을 하시려고 열무김치를 내게 세 번이나 연속해서 보내주신 것일까.

유난히 무더웠던 그 여름, 나는 방 안에 갇혀 일을 하다가도 세 번을 연속해서 보내주신 이 열무김치 에피소드를 떠올리면 하나님의 넘치는 격려와 약속이 느껴져 저절로 미소가 지어졌다. 나는 그 사건을 통해 하나님의 "다 줄게. 넘치게 줄게"라는 약속의 음성을 생생히 듣게 되었다. "기름을 내 머리에 부으셨으니 내 잔이 넘치나이다"(시 23:5)라는 고백이 자꾸만 내 입에서 흘러나왔다.

지독히도 무더웠던 그 여름, 격려와 위로의 행진은 계속해서 이어졌다. 한동네에 사는 막냇동생은 상담학 박사과정 중이라 눈코 뜰 새 없이 바쁜데도 육개장을 직접 끓여 몇 번 내게 갖다주며 말했다.

"언니, 밥 잘 먹으면서 일해야 해."

투병 중인 친구 김정 사모도 그 후 고기를 사서 내게 갖다주며 말했다.

"사모님, 밥 잘 챙겨 먹으면서 일해."

자신을 드러내는 법 없이 자신의 모든 것을 털어 어려운 이웃들을 돌아보느라 '루디아'라는 별명을 지닌 우리 교회 한 자매님도 견과류며 먹을 것을 잔뜩 사서 보내주며 말했다.

"사모님, 골다공증엔 견과류를 자주 드셔야 해요. 잘 드시면서 일하세요."

그 여름, 나는 그런 사랑과 하나님의 격려 속에 한 계절을 보내며 무사히 일을 마쳤다. 가난한 마을, 가난한 교회, 가난한 사람들의 '순종의 선순환'이 어떻게 이루어지는지를 경험한 시간이었다. 그리고 우리 담길교회는 지체들이 다 같이 힘을 모으며 격려한 끝에, 2019년도 그해에도 그 상가 건물에서 무사히 한 해를 넘길 수 있었다.

또 다른 순종을 요구하실 때

다음 해인 2020년 1월 16일에 나의 책《나는 같이 살기로 했다》가 출간되었다. "아픈 사람들을 위한 책을 써 달라"라는 친구 김정 사모의 말이 하나님의 음성처럼 들려 쓰게 된 책이었다. 2019년도 초여름에 의뢰받은 외부 일을 마치자마자, 쓰다 만 내 책을 완성하기 위해 서너 달 동안 다시 글쓰기에 집중하며 그해의 후반부를 달려왔더랬다.

그러나 아픈 이들을 위한 책이어서 그랬을까. 그 책을 쓰는 동안 내 몸과 마음이 많이 아팠다. 그동안 했던 일들이 무리가 되었는지 손가락들에 염증이 생겨 키보드를 두드릴 수 없는 불편함까지 찾아왔다. 이틀에 한 번꼴로 목에는 도수치료를, 손가락에는 물리치료를 받았고, 그런 뒤에도 손바닥과 손등에 압박붕대를 감싼 채 키보드를 두드려야 했다.

그러나 글을 쓰는 내내 내가 싸워야 했던 것은 목과 허리에 찾아온 디스크나 손가락 염증과의 싸움만은 아니었다. "이제는 네 얘기를 쓰라"라는 성령의 요구에 순종하려는 마음과 그리고 싶지 않은 육신의 마음과의 싸움이었다. 내 상처와 아픔들을 굳이 꺼내놓기보다 숨어버리고 싶은 유혹이 책을 준비하는 내 마음 주변을 항상 맴돌았다.

내 삶에 편재된 고통의 이야기들을 들려주고 나서 "그래서 뭐, 어떻게 되었는데요?"라는 질문과 마주하면 부끄러움에 할 말이 없을 것도 같았다. 그때마다 골방에 엎드리면 하나님께선 내게 대답할 말을 친히 일러주시며 책을 쓰라 격려하셨다.

그래서 나와 함께 살아가고 있지 않니?

하나님과 함께 살아가고 있다는 것, 그것이 우리 삶의 과정이자 가장 중요한 결론임을 하나님께서는 거듭 상기시켜 주셨다. 함께

하시는 하나님의 크신 은혜를 드러내기에는 부족하기만 한 글솜씨지만, 아직 아무것도 결론 나지 않은 내 삶의 과정들을 그대로 고백할 때 하나님께서 하실 일이 있을 거라 믿어졌다.

그러는 동안 차츰 기대감도 일었다. 새로운 독자층에 대한 기대였다. 이름도 없이 빛도 없이 주어진 자리에서 하나님을 붙들고 살아가는 사람들이 이 책의 주 독자층이기를 나는 간절히 기도했다. 농어촌교회와 미자립교회의 사역자들, 평생 가족을 간호하며 씨름하는 수많은 엄마와 아내들의 이야기가 사실은 하나님나라의 보배로운 이야기임을 그분들과 공감하고 싶었다. 나는 그런 수많은 분들을 대표하여 '우리들의 이야기'를 고백한다는 심정으로 책을 써내려갔다. 고난이 많으면 하나님께서 건네시는 위로도 많다는 사실 또한 자랑스레 알리고 싶었다.

우리 주 예수 그리스도의 아버지이신 하나님을 찬양합시다. 그는 자비로우신 아버지시요, 온갖 위로를 주시는 하나님이시요, 온갖 환난 가운데에서 우리를 위로하여주시는 분이십니다. 따라서 우리가 하나님께 받는 그 위로로, 우리도 온갖 환난을 당하는 사람들을 위로할 수 있습니다. 그리스도의 고난이 우리에게 넘치는 것과 같이, 그리스도로 말미암아 우리의 위로도 또한 넘칩니다. 고후 1:3-5 새번역

거기까지만 하면 되는 줄 알았다. 그래서 책이 나오자 안도의 숨

을 길게 내쉬며 이젠 쉬고 싶다는 생각만 했다.

그런데 책이 나오자마자 〈새롭게 하소서〉라는 기독교방송국 간증 프로그램에서 출연을 요청하는 전화가 걸려왔다. 마침 수요오전예배를 막 마치고 그 전화를 받아서 모여 있던 교회 지체들도 이 소식을 듣게 되었다. 책으로 고백하는 것까지야 해낼 수 있었지만 방송에까지 나가서 우리 가족의 아픈 얘기를 한다는 것은 도무지 못 할 짓 같아 도리도리 고개를 저었다. 그런데 이번엔 교회 지체들이 나를 독려하며 성화를 해댔다.

"사모님, 그럴 거면 왜 책을 내신 거예요?"

"어차피 공개하려고 책을 냈으면 방송에 나가서도 당당하게 말씀하셔야죠. 우린 하나님과 함께 이렇게 살아가고 있다!"

함께 있던 막냇동생에게도 물으니 "언니, 당연히 나가야지"라고 답해왔다. 나를 바라보는 동생의 표정에서 한 번 더 용기를 내보라는 격려가 읽혔다.

마지막으로 남편에게 물었다. 방송에 나가면 당신이 아팠고 무력했다는 얘기가 주된 내용일 텐데 괜찮겠냐고, 나는 그게 가슴 아파서라도 나가고 싶지 않다고 말했다. 남편이 빙그레 웃으며 내 어깨를 두드렸다.

"나는 괜찮아. 내 얘기는 얼마든지 해도 돼. 마음 편히 가서 말하고 왔으면 좋겠어."

이로써 하나님의 뜻이 명백해졌다. 고난받는 이들에게 위로를 전하고 싶어 책을 냈다면 방송에도 나가 그 얘기를 하라는 것이었다. 그 자리에서 〈새롭게 하소서〉 작가에게 연락해 출연을 결정했다.

며칠 뒤, 녹화가 있던 당일 새벽에 운전하며 방송국까지 가는 동안, 내가 왜 책을 내고 방송까지 출연하게 되었는지를 하나님께 다시 여쭈었다. 이 간증이 신파조의 슬픈 이야기로 흘러가지 않고, 오랜 광야 생활에서 우리를 따뜻하게 붙잡아 주시는 하나님의 사랑을 고백해낼 수 있기를 바라는 기도도 올려드렸다. 어떤 면에선 할 얘기가 너무 많았지만 다른 면에선 할 얘기가 너무 없어서 무슨 말을 어떻게 해야 할지 모르겠다고도 말씀드렸다.

그러나 이 또한 하나님께서 하셨다. 진행자인 주영훈 씨의 질문을 따라가다 보니 예배당에 둘러앉아 지체들에게 도란도란 얘기하듯 마음 편히 얘기할 수 있었다. 그 분들의 경청과 배려 덕분인지 방송에 대한 긴장감도 거의 느끼지 못했다. 나는 다만, 방송의 초점이 우리 얘기의 핵심인 하나님을 놓친 채 불행한 일을 겪은 한 가정의 이야기로만 흘러가지 않도록 경계하며 그 시간을 누렸다. 제작진과 작가들, 진행자들까지 모두가 하나님 중심적인 신앙인임을 느낄 수 있어 또한 감사했다.

그래서인지 방송을 마치고 집으로 돌아오는 길에 날아갈 듯한 기쁨이 내 안에 찾아들었다. 나는 그것이 하나님의 인도하심에 대해 적어도 불순종하지 않았다는 안도감에서 나오는 기쁨인 줄만 알았다. 하나님께서 내게 가장 좋은 것을 주시려고 내게 순종을 요구하셨다는 사실은 짐작조차 못 했다. 책을 내고 방송에까지 출연하게 하신 것, 그것은 다른 누구보다 나를 위한 하나님의 한 수였음을 그때까지도 나는 몰랐다.

내가 누리는 순종의 열매

방송이 나가고 어떤 분에게서 전화가 왔다. 농촌교회의 연로하신 사모님이셨다. 목소리에는 울음 반, 기쁨 반이 섞여 있었다. 자폐장애를 지닌 자녀를 데리고 남편과 함께 오랫동안 농촌교회 사역을 하다 보니 본인 자신에게도 중증의 우울증이 찾아와 누워 지낸지 오래되었다고 하셨다. 사모님의 발음에서도 오랜 병고가 느껴졌다. 그런 분이 감격스런 목소리로 이렇게 얘기하셨다.

"사모님, 내가 너무 기뻐서 전화했어요. 사모님 나온 방송 보고 엉엉 울었거든요. 왜 울었냐 하면요, 하나님의 위로가 느껴져서예요. 내가 이런 위로를 받아본 지 얼마나 되었나 모르겠어요. 사모님, 고마워요."

그 분은 이어서 내 책도 사보고 싶은데 산골이라 사볼 수가 없다고 하셨다. 주소를 여쭙고는 책을 보내드렸다.

그 전화를 시작으로 한 농촌교회의 노(老) 목사님에게서도 메일이 왔다. 70대부터 100세 어르신들 몇 분을 모시고 30년 동안 사역을 이어오셨다는 목사님의 교회는 70대 어르신이 가장 어린 성도라 하셨다. 교회가 산골에 있어 책을 사 보기가 어려웠지만, 국민일보에 나온 내 기사를 보고는 시내로 나가 책을 사 와서 아내와 함께 단숨에 읽었다며 고맙다고 하셨다.

어떤 분은 교회 구역장님에게 내 책을 선물 받고는 자신의 이야기와 너무 흡사해 펑펑 울었다는 소식을 전해오셨다. 이런 책을 써줘서 고맙다며 1년 동안 비상금으로 모아놓았던 20만 원을 나의 두 아들을 위해 써달라며 보내오기도 하셨다. 어떤 시골교회 권사님은 꿀 두 통을 보내주며 격려를 전하셨다.

아…. 그런 종류의 메일과 연락을 받을 때면 하나님께 영광을 돌리지 않을 수 없었다. 나같이 자기 문제에 깊이 함몰될 수밖에 없는 연약한 사람이 그런 귀한 인생들에게 무슨 수로 위로의 생수 한 모금을 건넬 수 있단 말인가. 그저 '너의 얘기를 쓰라' 하신 하나님의 인도하심에 순종했을 때 하나님께서 친히 일을 행하셨다고밖에는 말할 수가 없었다. 단 하루의 위로든 1시간의 위로든, 내 고백이 누군가의 마음을 살리는 데에 몇 초라도 기여했다면 그것으로 내게는 충분한 보상이 되고도 남는다 여겨졌다.

그래서인지 내 마음은 책을 낸 뒤로 부쩍 단단해져갔다. 광야를 지날 때 사단의 책략은 스스로 고립을 택하려는 태도인데 거기서도 완전히 벗어나게 되었다. 하나님과 형제, 자매들 앞에 내 고난의 문제를 열어놓고 가는 일에 더는 부끄러움을 느끼지 않게 되었다.

하나님과 함께, 주 안에서 형제자매 된 이들과 함께 이 길을 기쁘게 가다 보면 하나님께서 우리 걸음을 선용하시리라는 확신이 들었다.

그런데 그런 기쁨을 누린 지 한 달 만에 누구도 예상치 못한 일이 벌어졌다. 코로나19 팬데믹이라는 사상 초유의 사태였다. 모두가 당황했다. 나는 특별히 왜 하필 이 시점에 팬데믹이 생겼을까 짚어 보지 않을 수 없었다. 책이 나오면서 잡혔던 외부집회 일정이 모두 취소되었기에 다시 골방으로 깊숙이 들어가라는 하나님의 뜻부터 철저히 순종해야 했다.

팬데믹 시대를 향한 하나님의 크고 놀라운 뜻을 내가 다 헤아릴 수는 없지만, 그 자리에 가고 보니 하나님의 한 가지 뜻만은 확신할 수 있었다. 하나님께서는 지금 어느 때보다 개개인의 기도가 깊어지기를 원하신다는 사실이었다. 이제 점점 개개인이 하나님과 친밀히 동행하며 내밀하게 기도해야 하는 시대가 찾아오고 있다는 것도 알려주셨다.

그래서 일면 기대감도 일었다. 어쩌면 모든 것이 멈춰진 이 시대에야말로 하나님께서 친히 하시는 일들을 눈으로 볼 수 있을지 모른다는 기대감이었다. 모세가 출애굽한 이스라엘 백성에게 했던 "너희는 두려워하지 말고 가만히 서서 여호와께서 오늘 너희를 위하여 행하시는 구원을 보라"(출 14:13)라는 말씀이 자주 떠올랐다.

그런데 정말로 하나님께서는 우리를 위해 구원을 행하심을 우리

눈으로 확인하게 하셨다. 쉽게 끝날 것 같지 않은 팬데믹 상황에서 가장 위기에 처한 교회, 특히 우리 교회 같은 미자립교회에 행하시는 하나님의 일들을 보게 하신 것이다. 그제야 나는 왜 하필 코로나가 시작되기 한 달 전에 책이 나오게 되었는지 '시점'에 대한 이해도 할 수 있었다.

교회를 위함이었다. 팬데믹 상황에 이르자, 책을 읽은 독자들과 〈새롭게 하소서〉 방송을 본 시청자들의 시선은 담길교회와 같은 작은 교회들로 향했다. 어려운 시대에 이런 작은 교회들이 문을 닫지 않기를 바라는 주님의 마음으로 조용히 후원의 손길을 보내주신 것이다.

이름 모르는 이들로부터 만 원, 이만 원씩의 후원금이 담길교회 계좌로 들어오기 시작했다. 그 소식을 듣자니 방송 영상 말미에 "담길교회를 위해 기도합니다"라고 쓰인 많은 댓글이 떠올랐다. 자신의 주머니를 털어 만 원, 십만 원을 보내오신 분들의 뜨거운 사랑과 격려가 가슴 뭉클하게 다가왔다.

어느 날인가는, 퇴근하고 돌아온 남편이 그날 있었던 일을 들려줬다. 교회 사무실에 혼자 앉아 있는데 낯모르는 분이 두툼한 봉투 하나를 들고 와서 내미시더니 그대로 돌아서더라는 것이었다. 그동안 도와달라고 찾아오는 이들은 많았어도 도움을 주려고 오는 이는 거의 없었기에 남편은 어리둥절할 수밖에 없었다.

그 분을 붙잡고 성함이라도 알려달라 했지만 역시 아무 답이 없으셨다고 한다. 예수님의 이름으로 하는 일이므로 자신의 이름을 굳이 알 필요가 없고, 미자립교회를 도우라는 사명을 따라 이번에 두 번째로 돕는 교회가 담길교회라는 얘기만 남기셨다. 봉투에는 현금 5백만 원이 들어 있었다.

그 뒤로도 교회에는 비슷한 일들이 이어졌다. 어떤 분은 본업 외의 일에서 발생한 수익에 대한 십일조를 담길교회에 보내고 싶다며 적지 않은 액수를 보내오셨다. 부산에 사시는 어떤 집사님은 담길교회 청소년과 청년들에게 장학금을 지급하고 싶다며 몇 명이 다니는지를 물어와 소정의 장학금도 전해주셨다. 금액이 작든 크든 모두가 오직 예수님의 사랑으로 모든 일을 교회를 위해 행해주셨다.

우리 가정을 향한 관심과 사랑도 이어졌다. 그중에 80대의 한 할머니는 청년 못지않은 세련된 감각으로 예쁜 온라인 엽서에 격려의 글을 담아 남편에게 보내주시며 우리를 놀라게 하셨다. 기초생활수급연금을 받아 생활하시면서도 우리에게 크리스마스 선물을 보내기도 하셨고, 《나는 같이 살기로 했다》 책을 이웃들에게 선물하고 싶으신데 산골이라 책을 구하기 어렵다며 계좌이체로 책값을 보내주시며 배송을 청하기도 하셨다.

그 분들 덕분이었다. 2020년 2월에 시작되어 이 글을 쓰는 2022년 2월까지, 2년 이상 지속된 팬데믹 시대에 우리 가정과 교회가 살아남을 수 있었던 것은 모두 그 분들의 순종의 섬김 덕분이었다. 담길교회를 위해 기도로 순종하고 후원으로 순종해주신 분들 덕분에 담길교회는 팬데믹 상황에도 기지개를 펴며 포스트 코로나 시대를 준비해 나갈 수 있었다. 한 교회가 세워지기까지, 아니, 모든 하나님의 일이 이루어지기까지 얼마나 많은 이들의 순종과 헌신이 뒤따르는지를 나는 그 시대를 사는 동안 목격할 수 있었다.

네 하나님 여호와께서 이 사십 년 동안에 네게 광야 길을 걷게 하신 것을 기억하라 이는 너를 낮추시며 너를 시험하사 네 마음이 어떠한지 그 명령을 지키는지 지키지 않는지 알려 하심이라 너를 낮추시며 너를 주리게 하시며 또 너도 알지 못하며 네 조상들도 알지 못하던 만나를 네게 먹이신 것은 사람이 떡으로만 사는 것이 아니요 여호와의 입에서 나오는 모든 말씀으로 사는 줄을 네가 알게 하려 하심이니라 신 8:2,3

겨울에는 순종하게 하소서

하나님, 밤새 소리 없이 내린 눈이 천지를 덮은 날 아침. 빈 가지 채로 눈발을 맞이하는 겨울나무가 눈에 들어왔습니다. 그 나무를 보다 보니 저 자신도 실오라기 하나 걸치지 않은 빈 마음으로 하나님께 나아가길 갈망하게 됩니다. 인생의 때와 원리를 암시해주는 계절의 법칙을 떠올려 봐도, 겨울은 다시금 나의 가난한 정체성과 그런 나를 가장 따스하게 덮어줄 예수 그리스도의 옷을 집중하여 묵상해야 하는 계절인 것 같습니다.

오늘은 문득, 교회에서 매주 가졌던 QT나눔 시간이 떠올랐습니다. 예배 후에 모두 모여 궁핍했던 나날 속에 찾아오신 하나님을 나눌 때, 우리는 미로 같은 삶 속에 길이 되어주셨던 말씀의 은혜에 젖어들었습니다. 하지만 받은 그 은혜를 어떻게 표현해야 할지 몰라 모두가 헤매기도 했습니다. 그래서 그냥 얘기를 하다가 삶이 버거워 울고, 말씀을 나누다 감사해서 우는 일이 많았습니다. 논리적이지도 유창하지도 못한 우리의 언어가 그렇게 경청과 눈물 속에 어우러지면, 성령 하나님께서는 마치 흰 눈을 온 세상에 덮듯이 '사랑'이라는 당신의 언어를 형제자매들에게 질서 있게 옷 입혀주셨습니다.

그래도 삶의 자리로 돌아가면 여전히 저는 비틀거리며 살아가야 했지만, 제가 입을 옷이 예수 그리스도의 옷밖에 달리 없었으므로 매일 다시 말씀 앞에 엎드렸다가 주일이 되면 그런 나를 고백하고, 형제자매를 서로 끌어안으며 QT나눔을 했었습니다. 순종이란 어쩌면 그런 것이 아닐는지요. 내 모양새가 투박하더라도 하나님의 인도하심을 따라 한 걸음 한 걸음 그저 따라가는 것 말입니다.

오늘은 스가랴서 말씀으로 QT를 하다 보니 과거의 그 가난했던 마음을 잃지 말라는 주님의 명령을 듣는 것만 같았습니다.

예루살렘을 치러 왔던 이방 나라들 중에 남은 자가 해마다 올라와서 그 왕 만군의 여호와께 경배하며 초막절을 지킬 것이라 땅에 있는 족속들 중에 그 왕 만군의 여호와께 경배하러 예루살렘에 올라오지 아니하는 자들에게는 비를 내리지 아니하실 것인즉 만일 애굽 족속이 올라오지 아니할 때에는 비 내림이 있지 아니하리니 여호와께서 초막절을 지키러 올라오지 아니하는 이방 나라들의 사람을 치시는 재앙을 그에게 내리실 것이라 애굽 사람이나 이방 나라 사람이나 초막절을 지키러 올라오지 아니하는 자가 받을 벌이 그러하니라 그 날에는 말 방울에까지 여호와께 성결이라 기록될 것이라… 슥 14:16-20

하나님은 초막절의 순례를 거부하는 나라에 비를 내리지 않겠다고 말씀하십니다. 햇빛과 비, 즉 생명의 근원이 하나님이심을 인정하지 않는 나라는 결국 하나님의 나라에서 사라진다는 뜻일 겁니다.

이 말씀에 의하면 예배란 바로 창조주 되신 하나님, 우리 인생의 주인 되시는 하나님을 인정하며 높이는 일임을 확인하게 됩니다. 날마다 말씀 앞에 엎드려 묵상하는 것, 주일마다 모여 그 말씀의 은혜를 나누는 것도 우리 삶의 주인이 하나님이시라는 순종의 고백입니다.

여기까지 생각하니 얼마 전에 읽은 오스왈드 챔버스(Oswald Chambers)의 책에 나온 문장이 떠올랐습니다.

"영적으로 분별할 수 있으려면 오직 한 가지 방법이 있는데, 바로 순종이다. 우리는 10년의 연구보다 단 5분의 순종을 통해 더 많이 배운다."[4]

"우리 안에 있는 주님의 생명은 시간이 흐른다고 해서 저절로 성숙하는 것이 아니라 오직 순종을 통해 성숙한다."[5]

---

4) 오스왈드 챔버스, 《구속의 심리학》, 스데반 황 역(토기장이, 2010), p.31
5) 오스왈드 챔버스, 같은 책, p.56

오스왈드 챔버스는 예수님을 믿고 구원의 약속을 받은 성도는 '예수 그리스도의 장성한 분량이 이르기까지' 성장을 향한 걸음을 내디뎌야 한다고 말합니다. 그리고 그 걸음은 오직 내 안에 찾아오신 하나님의 아들의 생명에 합당하게 순복하는 것이라고 설명합니다.

그렇게 순복하는 걸음이 이어지면 자신의 권리를 주님께 온전히 양도하며 진정으로 헌신하는 십자가의 삶을 살 수 있을 것입니다. 그러면 우리 삶은 스가랴서에서 말씀한 대로 "말 방울에까지 여호와께 성결이라 기록"할 수 있겠지요.

하나님, 이는 제 책상 위에 너저분하게 놓인 너무 많은 물건이며 집안 곳곳 내 맘대로 욕심을 부려 사놓거나 수집해 놓은 물품들과 대조를 이루는 모습입니다. 아, 물건 하나에까지 '여호와께 성결'이라 기록될 만한 순종의 걸음으로 살 수 있다면 얼마나 좋을까요.

하나님께서는 오늘, 순종의 삶에 대한 저의 한탄 섞인 소망을 들으며 말씀하셨습니다. 그런 걸음을 진정 사모한다면 이제 더욱 낮은 자리에서 말씀과 기도로 납작 엎드리라고. 그렇게 엎드리는 자에게 천국의 옷을 입혀주겠다 약속하십니다.

그래서 저는 이 계절에 다시 기도하기로 결단합니다. 주신 약속의 말씀 아래 순종으로 엎드려 기도하기 좋은 계절이 바로 지금이기 때문입니다.

Chapter 6

중보기도는
타오르는 촛불이다

십자가의 자리에서 나는 기도하기로 했다

가장 순결한 기도

성경을 처음 읽던 청년 시절, 쉽게 이해하기 어려운 성경 구절이 참 많았다. 그중 대표 구절은 "누구든지 나를 따라오려거든 자기를 부인하고 자기 십자가를 지고…"(마 16:24)라는 말씀이었다. 예수께서 이미 십자가에서 모든 것을 다 이루셨고 우리는 그 사실을 믿기만 하면 된다면서, 왜 그분은 우리에게 또 다른 십자가를 지라 하셨을까.

같은 맥락에서, 사도 바울이 골로새 교회에 보낸 편지에 기록된 '그리스도의 남은 고난'에 대한 말씀도 이해하기 어려웠다. 예수께서 우리 구원을 위해 모든 고난을 짊어지고 죽으셨다면서 바울은 왜 "그리스도의 남은 고난을 그의 몸된 교회를 위하여 내 육체에 채

우노라"(골 1:24)라는 고백을 하며 우리에게 이 고난에 동참할 것을 요구했을까.

신약성경을 읽다 보면 이해하기 어려운 구절들은 이 외에도 많았다. 마태복음 11장 28-30절 말씀도 그중 하나였다.

> 수고하고 무거운 짐 진 자들아 다 내게로 오라 내가 너희를 쉬게 하리라 나는 마음이 온유하고 겸손하니 나의 멍에를 메고 내게 배우라 그리하면 너희 마음이 쉼을 얻으리니 이는 내 멍에는 쉽고 내 짐은 가벼움이라 하시니라

예수님은 그분께로 가면 수고하고 무거운 짐 진 자들을 다 쉬게 해주겠다고 하신다. 우리의 모든 죄를 짊어지고 십자가에서 대신 죽으신 예수님의 사랑을 떠올리게 하는 말씀이다. 그런데 예수님은 거기서 더 나아가 주님의 멍에를 메고 예수님께 배우라 하신다. 그리하면 우리 마음이 쉼을 얻을 것이라면서.

그러고 보니, 내가 이해하기 어려워했던 것은 모두 십자가와 관련해 우리에게 무언가를 요구하시는 말씀이었다. 예수님이 우리를 위해 십자가를 지셨지만 우리에게도 자기 십자가를 지라 하셨고, 예수님이 우리를 위해 고난당하셨지만 우리에게도 그리스도의 남은 고난에 참여하라 하셨으며, 예수님이 우리를 위해 멍에를 메셨지만 우리도 그 멍에를 메고 예수님께 배우라 하신다. 그러니까 나

는, 그 십자가와 자기 십자가, 그 멍에와 우리의 멍에, 그 고난과 남은 고난의 차이점이 무엇인지가 명확하지 않았던 것이다.

먼 훗날에야 나는 《구속의 심리학》에서 보여준 오스왈드의 통찰을 통해 이 개념을 명확히 정리할 수 있었다. 놀랍게도 오스왈드는 이 책에서 내가 알고 싶었던 이 세 구절의 말씀을 연결해 '자기 십자가'와 '메야 할 멍에', 우리가 참여해야 할 '남은 고난'이 바로 주님의 몸 된 교회를 위해 드리는 우리의 '중보기도'라 말해주었다.

기도할 시간이 없다고 말하며 내가 우상이 되고 시간이 우상이 된 이 시대에 이웃을 위한 중보기도를 드릴 때, "너희 마음이 쉼을 얻으리라"라는 말씀대로 우리 삶의 가시와 찔레가 즉시 사라진다는 설명이었다.

이 책에서 알려주는 대로 우리가 지는 십자가는 예수님이 지신 십자가와는 분명히 다르다. 예수님만이 지실 수 있고 예수님만이 완성하신 십자가와 고난은 '구속의 십자가'다. 예수님이 우리 죄를 위해 십자가에서 죗값을 지불하셨음을 믿으면 누구든지 죄 사함을 얻게 하는 구속의 십자가. 그것은 하나님의 아들이신 예수님 외에 그 누구도 질 수 없고 완성할 수 없는 십자가다.

그러므로 우리가 져야 할 '자기 십자가'와 '그리스도의 남은 고난'이란, 인류의 죗값을 대신 치르는 구속의 십자가와는 다른 십자가다. 우리는 다만 그 구속의 은혜를 받은 자로서, 내 이웃을 향하신 하나님의 신실하신 뜻을 이루기 위해 사랑의 중보기도를 해야 하는 사람들이라는 얘기다.

"중보기도는 다른 사람들에 대한 하나님의 관점에 우리가 연합하는 것을 의미한다. 성도로서 우리의 헌신은 다른 사람들에 대한 하나님의 관심에 자신을 일치시키는 것이다. 이는 고린도전서 13장을 실천에 옮기라는 뜻으로 온 마음을 다해 다른 사람을 향한 하나님의 관심에 자신을 일치시키라는 말씀이다."[6]

오스왈드의 이 설명을 듣고서야 나는 중보기도가 단순히 '다른 사람을 위한 기도'를 뜻하는 것이 아님을 알게 되었다. 중보기도란 남편이 늘 말해왔던 대로 '헌신'이었다. 예수께서 십자가에서 하셨듯, 무너진 데를 막아서서 다른 사람을 하나님께로 이끌기 위해 내가 죽기까지 '기도하는 일'이다. 십자가의 사랑을 실천하려면 마땅히 내가 죽고 예수님의 이름으로 형제를 위해 기도해야 한다는 것이다.

그런 면에서 중보기도는 모든 기도 중 가장 순결한 기도라고 할 수 있다. 인간이라면 누구나 지닌 간교하고도 사악한 자기중심성을 돌아볼 때, 나와 직접적 관련이 없는 타인을 위해 기도하는 일이야말로 사심이 빠진 순결한 기도가 아니겠는가. 그래서 어떤 이들은 중보기도를 '별 중에서도 가장 밝게 빛나는 별'이라 표현하기도 했다.

---

6) 오스왈드 챔버스, 같은 책, p.147

나는 어떤 면에서 중보기도를 촛불이라 말하고 싶다. 촛불이 빛을 밝히는 까닭은 자신을 뽐내기 위해서가 아니라 빛을 밝혀 어둠 속에 헤매는 한 영혼이 길을 찾기를 바라기 때문이다. 그것도 자신을 태우면서까지 말이다.

누군가를 위한 중보기도도 이와 같다. 자신에게 돌아올 아무 유익이 없어도, 혹은 내가 내 시간을 태워 누군가를 위해 기도한다는 사실을 아무도 알아주지 않아도 '너만은 살아다오'라는 자세로 드리는 중보기도야말로 촛불처럼 자기 십자가를 지는 삶이라 할 수 있다.

물론 엄밀한 의미에서의 중보기도는 거룩하신 하나님과 죄인인 우리 사이에서 둘을 하나 되게 하시는 한 분 중재자 예수님의 기도에만 적용될 수 있는 기도다. 우리가 단지 이웃을 위해 드리는 기도는 '중보'(仲保)라는 말보다 '도고'(禱告, intercession)라는 말로 표현해야 더 정확할 것이다. 왜냐하면 예수님만이 구속의 십자가를 통해 하나님과 우리 사이를 화평케 하시고 교제를 유지하게 하시는 단 한 분의 중보자요 중재자이시기 때문이다.

그러나 한국 교회에서 오랫동안 이웃을 위해 예수님의 이름으로 드리는 우리의 기도를 중보기도라고 칭해왔다는 점에서 담길교회도 중보기도라는 말을 쓰며 지체들을 위한 기도를 독려하고 있다. 오스왈드가 말하는 중보기도도 같은 의미로 쓰고 있기에 여기서도 편의상 '도고'라는 말 대신 중보기도라는 말로 이 글을 이어가려 한다.

중보기도와 관련해 누구나 공감하는 한 가지 사실이 있다. 성령께서는 자신의 문제로 고민하며 기도하는 우리의 기도를 들으시다가 그 기도를 반드시 중보기도로 이끄신다는 점이다. 하나님을 바라보며 기도할 때 그분은 나를 사랑하실 뿐 아니라 너를 사랑하시고 이 세상을 사랑하시는 하나님의 관점을 반드시 기도자에게 입혀주신다. 그것이 우리의 기도가 결국은 이웃과 세상을 위한 기도로 이어질 수밖에 없는 이치다.

그와 같이 하나님의 관점을 힘입어 중보기도를 이어가다 보면 깨닫게 된다. 하나님께서는 십자가 사랑으로 서로를 위해 기도하는 이들의 중보기도를 통해 어두웠던 이 세상을 아름다운 색으로 물들여 가신다는 것을.

내 삶을 향한 하나님의 인도하심도 그와 다르지 않았다. 언제부턴가 하나님께선 내게도 중보기도의 불을 밝히라는 부담을 지속적으로 넣어주셨다. 한 해, 두 해, 기도하면 할수록 나를 위한 기도는 줄어들고 이웃을 위한 기도가 많아지게 하셨다. 성령의 자연스러운 인도하심이었다.

그럼에도 나는 여전히 내 문제에 집중하느라 나 자신을 온전히 던져 누군가를 위한 중보기도자로 서지 못할 때가 많았다. 그러나 하나님께서는 바로 그러한 때에, 나를 위한 기도의 불을 환히 밝혀주는 누군가의 기도에 먼저 응답해주심으로써 나를 그 어둠에서 탈출하도록 이끄셨다. 우리 가정이 누군가의 중보기도와 응원의 열매로 그 오랜 고통에서 벗어나게 될 줄 내가 아직 예측하지 못할 때였다. 하나님은 그런 때에, 허우적거리는 우리 가정을 그분의 오른손으로 붙잡아 건져주셨다. 그것도 코로나가 맹위를 떨치던 시대, 그 무덥고도 시린 계절의 한복판에서….

기적의 계절

우리에게 일어났던 일들을 돌아볼 때면 지하 아득한 세계로 추락하는 이미지부터 떠오른다. 높은 고지대는 아니지만 남들처럼 평범하게 지상 1층 어느 언저리에서 살던 남편이 어느 날 갑자기 햇빛 한 점 들지 않는 지하 10층까지 추락하더니, 내내 지하세계에서 사는 듯한 세월을 20년 넘게 보냈기 때문이다. 그래서 나는 남편의 좋아진 건강 상태를 체크할 때면 '지금은 지하 8층쯤 와 있는 상태?' '지금은 지하 5층쯤?' 식의 주관적 느낌으로 파악하곤 했다. 그럴 수밖에 없는 것이 남편은 병원의 객관적 데이터로 상태를 진단해 줄 수 없는 희귀난치병 환자이기 때문이다.

《나는 같이 살기로 했다》에서 소개한 대로, 남편은 결혼 5,6년 차에 '섬유근육통 증후군'이라는 진단을 받았다. 그러나 이 병은 각종 통증에 시달리는 환자들을 모아 증세만으로 진단한 병이기 때문에 환자 개개인에게 정확한 병명을 내려줬다고 보기 어렵다. 사람마다 발병의 원인도 다르고 그 상태와 진행 정도도 다르건만, 몸의 열여덟 군데를 눌러 압통을 느끼는 환자에게 이 병명이 똑같이 주어진다는 점에서 그렇다.

그러다 보니 섬유근육통에 걸렸다가 나았다는 사람들이 아주 간혹 나오기도 하지만 그 사람들이 모두 같은 섬유근육통 환자였다는 증거는 없다. 환자 보호자로서 오랜 세월 동안 지켜본 나의 소견으로는 이 병이 극한 스트레스나 잘못된 식품 섭취, 혹은 바이러스 침투 등 서로 다른 원인에 의해, 몸 전체에 퍼져 있는 자율신경계 내지는 중추신경계가 고장 나며 생긴 병으로 추정된다.

미국의 대표적인 변증학자 리 스트로벨은 《기적인가 우연인가》(두란노)라는 책에서 자신의 신실한 아내 레슬리가 이 병으로 수십 년 동안 고통받았으며, 일반 의술로 치료할 길이 없어 침술, 안마, 건강보조식품, 대체요법 등을 쓰며 견뎌왔다고 말한다. 원인을 알 수 없는 이 병을 정신과적 병으로 접근해 치료하는 의사도 만나봤지만 아무 효과가 없었던 일도 소개한다. 또한 그의 아내가 섬유근육통 환자 특유의 일시적 인지 장애를 겪었던 일도 소개하는데, 우리도 같은 과정을 겪어왔기에 공감하며 읽을 수 있었다.

리 스트로벨은 이 책에서, 그의 친구 그루두스의 아내이자 멘사 회원이던 베키가 섬유근육통 진단을 받은 지 얼마 후에 치매로 악화되기 시작하더니 나중엔 글자도 못 읽는 진행성 뇌질환까지 선고받았던 일을 소개한다. 의학적으로 아무런 희망도 없이 아내를 간호하는 그루두스와의 인터뷰를 통해, 때마다 어떤 기도를 드려야 하는지, 고난의 의미는 과연 무엇인지 등등을 찾아갈 수 있다.

베키의 예에서 알 수 있듯, 이 병은 향후 어떻게 진행될지 예측할 수가 없다는 것이 큰 어려움 중 하나다. 점점 좋아지는 사람도 있고 점점 나빠져서 또 다른 병으로 악화되는 사람도 있다 보니 이 병을 앓는 환자와 가족들은 육체적인 통증뿐 아니라 정서적 고통에도 시달린다.

나 역시 남편에게 이 병이 찾아온 뒤로 캄캄한 어둠 속에서 헤매는 듯한 압박 속에 살아왔다. 치료법도 없고 앞날을 전망할 수도 없으니 마음이 늘 좌불안석이었다. 우리 가정이 마치 막다른 골목에서 오도 가도 못하는 상태에 처한 것만 같아 미칠 듯한 순간도 적지 않았다.

그런 중에도 하나님의 구원이라고밖에 표현하지 못할 은혜가 임하며 우리는 때마다 막다른 길을 벗어나 20년을 살아낼 수 있었다. 때로는 설명이 안 되는 기도 응답을 통해, 때로는 자비를 베푸는 의사와의 만남으로 남편의 건강 상태는 지하 10층에서 지하 9층으로, 지하 9층에서 지하 7층으로 호전되는 모습도 보여줬다.

그럼에도 남편은 결국 지하 깊숙한 곳에 머물러 사는 중증 환자의 상태를 크게 벗어나지 못했다. 가장 심각할 때는 아침에 남편이 침대에서 움직이지 못할 뿐 아니라 말도 못 하고 눈도 못 뜨는, 그야말로 몸의 모든 기능이 정지되어버린 듯한 모습을 보일 때였다.

그런 날이면 남편과 의사소통조차 할 수 없어 반나절이든 하루든 그저 남편의 몸이 깨어나기를 기다리는 수밖에 달리 도리가 없었다.

남편을 보며 나는 사람의 몸이 이렇게도 지속적인 고통에 시달릴 수 있다는 것과 그런 고통 속에서도 사람이 살아낼 수 있다는 사실이 놀라울 따름이었다. 또한 꺼질 듯 꺼질 듯 흔들리던 촛불이 다시 살아나 희미하게나마 그 빛줄기를 이어간다는 것도 놀라운 일이었다. 그래서 나는 자신을 우유부단한 사람이라 평가하면서도 딴생각하지 않고 사역을 이어가는 남편의 신앙적 의지를 높이 평가했다. 웬만하면 다른 살길을 찾아 두리번거릴 법도 한데, 남편은 자신이 가야 할 목회의 길에 대해서만큼은 변함없는 확고함으로 그 세월을 견뎌냈다.

그 세월 속에서 나는 나 자신의 실체도 똑똑히 봤다.

무력함⋯. 무력함만이 나의 엄연한 실체였다. 아픈 배우자를 둔 사람들이 다 그러하듯 나는 남편을 살릴 수만 있다면 무슨 짓이든 다하려고 했다. 그러나 회복에 대한 간절함을 안고 별의별 방법을 시도해 봐도 남편의 고통은 덜어지지 않았다. 남편을 사랑한다는 마음으로도, 하늘의 별이라도 따다 바칠 지극한 정성으로도 남편 몸의 세포 하나 살릴 수 없는 것이 인간임을 그 세월은 내게 잔인할 정도로 알려주었다. 나는 모든 노력을 다 기울이고서야 인간의 생사화복을 결정하는 데 내 역할이 얼마나 미미한지를 인정하게 되었다.

그러기에 내 눈길은 하나님께로 향했다. 오랜 병간호 속에 남편보다 내가 먼저 지치고 쇠약해져 죽을 것 같았으므로 나는 말라비틀어진 내 영혼을 살려낼 '참사랑'을 갈구하며 하나님을 앙망했다. 그리고 마침내 나는 그분의 사랑 안에서 다시 태어나 하나님을 만났다! 하나님은 아브라함의 하나님, 이삭의 하나님, 야곱의 하나님만이 아니라 나의 하나님이셨다.

그때부터 나는 '나의 하나님'이신 예수님의 이름으로 남편을 위한 중보기도를 드리기 시작했다. 하나님 저 힘들어요, 하나님은 저를 사랑하시잖아요. 저를 사랑하시는 하나님이시니 저를 봐서라도 남편을 살려주세요, 라는 식의 기도였다.

하나님은 분명 진심으로 드리는 그 기도를 들으셨을 것이다. 그런데 그 기도를 들으셨을 하나님께서는 언제부턴가 나의 기도를 '너의 하나님'을 고백하는 기도로 이끌어가셨다. 지금 돌아보면 그게 중보기도의 수순이 아닐까 싶다. 어느 날부터인가 기도하는 내 마음과 생각은 나를 사랑하실 뿐 아니라 남편을 사랑하시는 하나님에 대한 묵상에 머물렀다. '나의 하나님 여호와가 나의 가운데 계심'을 찬양했다면 이어서 '너의 하나님 여호와가 너의 가운데 계심'을 찬양하게 되는 원리와 비슷했다.

그간 남편을 향한 나의 중보기도는 하나님이 남편의 하나님이시고 또한 남편의 아버지가 되심을 잊은 기도였다. 그러다 보니 남편을 살리는 일의 주도권을 내가 가진 채 기도드리고 있었다. 남편을 위한 기도임에도, 아픈 남편보다는 '내 절박함'에 하나님의 눈이 주목하시기를 바라며 기도드렸다. 그러나 그것은 남편에게 아무 관심 없는 하나님께 내가 무릎 꿇고 빌고 있는 형국과 다를 바 없었다. 어떤 면에서 하나님을 오해하는 무지한 기도였다.

생각해보라. 남편의 회복에 대해 하나님만큼 깊은 관심을 두신 분이 어디 있겠는가. 하나님 아버지만큼 그 아들을 사랑하시는 분은 또 어디 있겠는가. 남편을 모태에서부터 조성하시고 그 아들을 향한 그분만의 선하신 계획을 안고 이 땅에 보내신 분이 하나님이시다. 그래서 그분은 남편이 사슴처럼 뛰놀며 하나님을 찬양할 때 함께 기뻐 춤추셨고, 병고의 나날에 고통으로 신음하며 흐느낄 때 가슴 찌르는 고통을 느끼시며 남편을 지켜보셨을 것이다.

그런데 나는 나보다 더 남편을 살리고 싶고 돕고 싶어 하시는 하나님의 마음에 동참해서 기도하기보다, 나만이 남편을 사랑해서 살리고 싶은 것처럼 하나님께 매달리고 있었다.

어느 날인가 이를 깨달은 뒤로, 나는 기도의 차원을 달리하게 되었다. 남편의 회복에 대한 주도권도 하나님께 넘겨드렸다. 남편을 살릴 방법을 내가 찾아 나서려 하지 않고, 남편을 주목해 바라보시는 하나님께서 내시는 치유의 길에 나도 동참할 수 있기를 바라며 기도하게 된 것이다.

그때 내 눈앞에 그려진 이미지는 약한 두 양을 인도하시는 전지전능하신 목자 예수님이셨다. 한 치 앞도 보지 못하고 알지 못하는 지독한 근시안인 양과 같은 우리 부부를 이끌어 사망의 음침한 골짜기를 통과하게 하시며 마침내 푸른 초장, 쉴 만한 물가까지 이끄실 목자 예수님. 그분은 나를 주목해 보심과 동시에 남편을 주목해 보고 계셨다. 그러니까 나는 그 하나님께 남편을 의뢰하고 나를 의뢰하며 그분이 내시는 길을 순종으로 따라가면 될 일이었다. "남편을 사랑하시는 남편의 하나님, 남편을 위한 하나님의 치유의 길이 무엇인가요?"라는 물음을 중보기도 속에 자주 드리며 인도하심을 구했다.

그러던 중 남편에게 더 이상 다른 대체요법을 쓸 수도 없고 병원에서 주는 약도 먹을 수 없는 극한의 상황이 오고야 말았다. 좋아졌다 나빠졌다를 반복하며 사역을 이어가던 2017년도 즈음이었다. 그간 심장 전문병원에서 처방해 먹던 약을 계속 복용하면 심장이 완전히 망가질 수 있으므로 이제는 그 약마저 끊어야 한다는 통보가 떨어진 것이다.

우리는 그 상황을 엄중히 받아들여 하나님께서 내실 또 다른 치유의 길을 바라며 기도로 인도하심을 구했다. 그러나 병원 조치에 따라 약을 끊은 뒤로 우려했던 일들이 벌어지면서 몇 번 구급차를 불러야 할 응급상황도 생겼다. 그나마 지하 5층쯤에 머물던 남편의 건강 상태가 다시 지하 6,7층쯤으로 떨어진 것 같았다.

그런 남편을 두고 볼 수 없어 어느 날 나는 무작정 약국으로 갔다. 그야말로 지푸라기라도 잡아보려는 심정으로, 그간 복용하다

말다를 반복했던 비타민B 복합체라도 한 통 사서 건네려는 생각이었다. 그런데 영양제를 사고 계산하려는 순간, 내 눈길이 불현듯 또 다른 영양제에 머물렀다. 미네랄 제품이었다.

그때의 그 느낌을 어떻게 설명해야 할까. 수년 전에 내가 신문에서 기도에 관한 책 광고를 봤을 때 '이 책을 읽으라'라는 성령의 권고를 받았던 것과 비슷했다. 마치 누군가가 "저거 사서 먹여라"라고 말하는 듯한 느낌이 들었다.

물론 그것이 착각일 수도 있겠지만 남편의 상태가 꺼져가는 촛불처럼 위태로웠기에 나는 얼른 영양제 두 통을 사서 집으로 돌아왔다. 그리고 내 첫 책에 나온 대로, 남편은 그 뒤 조금씩 호전을 보이며 다시 지하 5층쯤으로 올라오는 것 같았다. 그것만으로도 나는 안도의 숨을 내쉴 수 있었다.

그 뒤로 우연히 영양제에 관한 책을 읽게 됨과 동시에, 신뢰할 만한 유튜버들의 영양학 강의를 체계적으로 듣게 되었다. 특히나, 논문을 펼쳐 연구하고 많은 임상사례를 갖고 있는 약사들의 채널은 나 같은 비의료인들이 어떻게 영양제에 접근해야 하는지에 대해 많은 도움을 주었다.

그 결과 내게 주어진 정보량 안에서 남편 몸에 맞는 영양제 조합을 찾아낸 것 같았다. 신기한 것은 그 영양제의 조합이 내가 약국에서 처음 샀던 두 통의 영양제에 들어 있던 성분들과 일치했다는 점이다. 물론 남편 몸이 필요로 하는 영양제 함량에는 미치지 못해서, 함량에 맞고 흡수율이 좋은 각각의 비타민과 미네랄 제품을 별도 주문해 남편에게 복용을 권유했다.

그런 지 1년쯤 지났을까. 별것 아닌 것 같아 보이는 영양제 몇 알을 꾸준히 복용하던 남편은 다른 어떤 치료를 받을 때보다 급격히 좋아지는 양상을 보였다. 최악일 때는 1주일 내내 활동을 못 할 때도 많았는데, 차츰 3일에서 4일로, 4일에서 5일로 활동 시간이 늘어갔고, 활동하는 날들의 컨디션 상태도 서서히 좋아져 갔다. 영양제 효과라고밖에는 볼 수 없었다. 어느 날 들은 한 약사의 강의는 이를 뒷받침해줬다.

그는 영상에서 "영양제는 약이 아니라서 중증의 병을 예방하기 위한 용도로 쓰는 것이 맞다"라고 했다. 그래서 영양제를 꾸준히 복용해도 건강한 사람들에게는 별 효과가 없어 보일 수밖에 없다고도 했다. 그러나 안전성뿐 아니라 그 함량이나 성분에서 최적화된 영양제의 조합을 찾아 몸에 꼭 맞게 복용했을 때, 약으로 치료가 안 되는 일부 난치병 환자들에게서 '극적인 효과'가 나타난다는 말을 전했다. 그 효과는 최소 6개월에서 1년 정도 꾸준히 복용한 이후에 나타난다고 덧붙이고, 반대로 영양제를 과신한 나머지 몸에 맞지도 않는 영양제를 함부로 복용했을 때는 각종 부작용에 시달릴 수 있음도 잊지 않고 전해줬다.

그 강의를 듣고서야 나는 그 1년 전쯤 영양제에 관해 아무런 상식도 없던 내가 약국에서 두 통의 영양제를 봤을 때 가졌던 느낌이 단순한 느낌이 아니었음을 확신할 수 있었고, 그 생각은 2020년 1월에 《나는 같이 살기로 했다》 책이 나온 이후에 더 확고해졌다.

책이 나온 이후, 그 몇 해 전에 우리를 도와주셨던 한 병원의 원장님으로부터 연락이 와서 서울에 있는 그 병원을 내원했을 때였다. 원장님은 킬레이션과 고농축 비타민C 주사를 다시 맞으라 하시고는 각종 영양제를 선물로 건네주셨다.

원장님이 주신 영양제를 본 나는 깜짝 놀라지 않을 수 없었다. 대체요법을 연구하며 건네주신 그 영양제들이 의료인도 아닌 내가 남편을 위해 맞췄던 영양제의 조합과 일치했기 때문이다. 다른 게 하나 있다면 비타민C의 함량뿐이었다. 원장님은 우리가 평소 먹던 비타민C의 양을 3배 높게 올려 처방해주셨다. 그때부터 우리는 평소 먹던 영양제와 함께 비타민C 메가 요법을 시행했다.

하지만 치료와 함께 영양제 복용을 계속하고서도 열 달 가까이 남편의 상태는 그 이상 좋아지지 않았다. 지하 밑바닥에 내려갔던 사람이 지하 4,5층으로 올라오면 처음엔 '공기가 달라졌네?'라며 잠시 상쾌함을 느끼기도 하지만 지하세계의 여전한 음습함 속에 머물다 보면 날이 갈수록 몸이 무겁게 느껴지는 것과 비슷했다.

코로나가 시작되던 첫해, 남편은 그런 상태로 수개월을 살며 컨디션 조절에 난항을 겪었다. 그래서 나는 그 병원에서 치료를 끝내기로 약속된 2020년 10월이 오기 한 주 전에, 하나님께 이런 기도를 드렸다.

"하나님, 남편을 위해 기도하는 수많은 이들의 기도에 이제 응답해주십시오. 중보기도하는 마음으로 우리를 치료해준 원장님의 사랑에도 응답해주십시오. 다음 주면 원장님을 뵈어야 하는데, 그때 이렇게 좋아졌다고 말할 수 있게 해주세요."

나는 내 책을 읽은 독자들이 메일을 보내와 우리 가족의 회복을 위해 기도하겠다고 알려온 일들과 〈새롭게 하소서〉 방송 출연 이후 그 밑에 달렸던 많은 댓글을 떠올리고 있었다. 우리와 얼굴 한 번 본 적 없는 많은 분이 우리를 위해 기도하며 기도문을 댓글로 적어 놓기까지 하셨다. 어떤 분은 "하나님, 이분들 그냥 낫게 해주세요"라는 기도문으로 그 안에 임한 예수 그리스도의 마음을 전해주셨다.

놀랍지 않은가. 우리의 회복이 그분들과 무슨 상관이 있다고 그렇게 애태우며 우리를 위해 기도드린단 말인가. 나는 그 댓글 하나하나를 볼 때마다 하나님께서 이런 기도를 받으시려고 우리 가정을 세상에 노출시켰다는 생각마저 들었다. 참된 중보기도가 무엇인가에 대해서도 그 분들은 내게 알려주고 계셨다.

그 분들의 기도에 응답을 주시라는 나의 기도를 하나님께서 받으셨던 것일까. 마침내 하나님께선 답을 주셨다. 원장님과의 마지막 면담을 2,3일 앞두고. 남편의 몸 상태가 단숨에 몇 계단을 훌쩍 오른 듯 가벼워진 것이다. 남편의 컨디션은 그날부터 한결 좋아졌다. 2020년 10월의 일이었다.

몸이 좋아지자 남편은 제일 먼저 '오늘은혜'라는 온라인 채널을 만들어 온라인 새벽예배를 시작했다. 코로나 시대, 우리 교회뿐 아니라 예배당에 모일 수 없는 지역의 이름 모를 성도들을 위해 시작한 사역이었다. 물론 남편의 몸 상태는 아직 완전하지 않아 새벽에 일어나기는 힘들었다. 그래서 남편은 미리 영상을 제작했다가 새벽 5시면 자동으로 유튜브에서 재생되는 방식으로 이 사역을 감당했다. 매일 말씀을 묵상하고 원고를 쓰고 혼자서 영상을 찍고 찬양을 녹음하고 편집을 해서 밤늦은 시간에 다음날의 새벽예배 영상을 올리는 방식이었다.

이를 위해 남편은 아침 식사 이후 자정이 넘을 때까지 꼬박 책상에 앉아 이 작업을 진행했다. 우리 교회 교인들은 물론, 타 지역 성도들 누구나 새벽 5시든 6시든 8시든, 아무 때나 예배로 하루를 시작할 수 있게 하기 위함이었다. 영상을 올리면서부터 코로나로 새벽예배에 못 나가신다는 산골의 권사님들과 집사님들에게서 고맙다는 연락이 오기 시작했다.

몸이 회복되기 시작하던 그해 10월부터 남편은 내내 그렇게 살았다. 그러자 우리 두 사람에게 공통적으로 '감사'와 '감격'이 폭포처럼 임했다. 무엇보다 남편에게 그 중노동을 감당할 체력이 계속해서 주어진다는 것이 너무 신기했다. 그즈음, 미국에 사는 남편의 친구가 전화를 걸어와 근황을 물었을 때도 남편은 그와 같은 마음을 솔직하게 전했다.

"왜 내 몸이 좋아졌는지 모르겠어. 병원에서 받는 치료 때문인지, 아니면 아내가 공부해서 건네준 영양제가 점점 효과를 발하는 것인지. 아마 기도해주신 모든 분 덕분이겠지. 어쨌든 요즘 내 몸이 하루 종일 일을 해도 감당이 되는 것이 나로선 그저 신기하네."

코로나가 이 땅을 급습했던 그해의 끝자락에 하나님께선 남편에게 1주일 중 7일을, 그것도 온종일 사역을 감당할 수 있는 건강을 비로소 허락하셨다. 남편은 월요일이나 공휴일도 없이 1년 365일을 그렇게 살았다. 병을 앓은 지 20년 만의 일이었다.

물론 남편의 건강 상태가 지상 1층까지 올라온 것은 아니었다. 남편의 몸 안에는 여전히 통증이 남아 있고, 무리하거나 스트레스를 받으면 상태가 급격히 떨어지기도 했다. 그래서 2년 가까이 '오늘은혜' 영상을 올리다가 중간에 두 달 정도 쉬며 컨디션 조절을 한 적도 있었다.

그러나 나는 그런 남편을 보며 '이보다 더 좋을 수 없는'(?) 상태를 주셨다 믿어졌다. 하나님께서는 남편에게 이 하루의 사역을 감당할 만큼의 건강을 주심과 동시에, 언제든 다시 떨어질 가능성도 그 안에 남겨두셨다. 그것도 남편과 내가 인생의 무상함을 깨달아 아는 초로(初老)의 시절에 접어들 때 그리하셨다.

그것은 곧, 이 회복의 시간조차 한시적으로 주어졌음을 알고 삶을 하루 단위로 나누어 주어진 하루하루를 감사로 충만하게 살라는 뜻이었다. 분명 기적과 같은 회복이지만 아직 저 아래 남아 있어 언제든 우리를 습격할 수 있는 그것으로 인해, 주어진 건강에 대해 과신하지 말고 날마다 주님을 바라보며 충성하라는 그분의 특별한 배려가 느껴졌다.

그래서 나는 날마다 기뻐하며 살기로 했다. 날마다 주님의 은혜를 구하며 기도하기로 했다. 그러다 보면 어떤 날은 선물처럼, 지상 1층에서 불어오는 신선한 공기를 맛볼 수 있어 감사했다. 그리고 많은 날 동안 여전히 우리가 지하 저 아래에서 신음하는 이웃들의 고통에 손 내밀 수 있는 마음자리에 놓여 있음을 보게 하셔서 감사했다.

코로나바이러스가 온 세상을 뒤덮었던 2020년도 늦가을부터, 하나님께서는 이처럼 이보다 더 좋을 수 없는 자리에 우리를 배치해 살게 하셨다. 그것은 이제야말로 중보기도자로 살라 하시는 하나님의 뜻이라고 나는 믿는다. 우리가 사랑에 빚진 자들이고 그 사랑으로 살아난 연약한 자들임을 기억하면서, 내 속에서 기도하시는 성령님의 인도를 따라 기꺼이 자기 십자가를 지고 가라는 하나님의 선하신 그 뜻 말이다.

이와 같이 성령도 우리의 연약함을 도우시나니 우리는 마땅히 기도할 바를 알지 못하나 오직 성령이 말할 수 없는 탄식으로 우리를 위하여 친히 간구하시느니라 마음을 살피시는 이가 성령의 생각을 아시나니 이는 성령이 하나님의 뜻대로 성도를 위하여 간구하심이니라 롬 8:26,27

너의 하나님 여호와가

2019년 10월, 큰아들은 병원에 다닌 지 7년 만에 정신과 약을 끊었다. 오랫동안의 병원 치료에도 차도가 없을 뿐더러 항우울제 부작용까지 나타나고 있어서였다. 그렇다고 그간의 병원 치료가 아무 소용없었다는 뜻은 아니다. 그 치료 덕분에 아들은 그나마 극심한 불안장애를 견뎌내며 삶을 유지해 나갈 수 있었으리라.

그러나 약을 끊은 이후 서너 달 동안, 아들은 고문당하는 듯한 금단증세로 힘든 나날을 보내야 했다. 아들의 상태가 매우 위험해 보였으므로 나는 그 몇 달 동안 외출도 삼간 채 아들의 동태를 살피며 기도하곤 했다.

그때 하나님께서는 기도하는 내게 '독립'이란 단어를 선명하게 보여주셨다. 이제 내가 힘써 기도해야 할 방향은 아들이 부모로부터 독립해 하나님 앞에 온전히 서는 일임을 분명히 하신 것이다. 그러려면 부모인 나부터가, 설령 시행착오를 겪더라도 약을 끊고 다른 치료법을 찾겠다는 아들의 선택을 존중해주는 것이 옳았다. 또한 그 아들을 지도하고 인도하시는 하나님을 신뢰하며 아들 뒤에서 조용히 지켜볼 필요가 있었다.

이때 성령님은 아들을 위한 기도를 직접 이끌어가셨다. 아들이 나을 수만 있다면 내가 대신 아파도 좋다는 엄마로서의 애달픈 기도를 멈추게 하시고, 그 아들을 나보다 더 사랑하시는 전지전능하신 아들의 하나님께서 이 아들을 직접 인도하시기를 구하게 하셨다. "하나님께 이 아들을 맡깁니다. 하나님께서 지도하시고 하나님께서 말씀으로 인도해주세요"라는 고백을 반복하여 드리는 나날이었다.

그 기도의 열매였을까. 그때부터 더는 내가 스무 살이 넘은 아들을 아기처럼 돌보려 해서는 안 된다는 사실을 확고히 하게 되었다. 또한 지난 세월 동안 내 무의식 속에 저장되었던 모든 공로의식을 주님의 십자가 앞에 내려놓게도 하셨다. 무슨 뜻인가. 그즈음 내게는 남편과 자식을 향한 오랜 병간호 속에서 내가 가족들을 위해 헌신했다는 그것을 마음속 무기로 삼아, 상대방을 내 주머니 속에 넣은 채 내 맘대로 상대를 조종하려는 권리의식이 싹트고 있었다. 불면 날아갈세라 불안한 마음에 다 큰 아이를 과보호하려는 성향도 어쩌면 그런 권리의식의 다른 표현이었는지도 모른다.

나를 다 아시는 하나님께서는 바로 그 시점에서 '독립'이란 단어 하나를 보여주시며, 나의 그 모든 불안과 공로의식이 아이의 성장을 가로막는다는 것을 알려주셨다. 내가 헌신할 대상은 남편이나 아들이 아니라 하나님이라 하시며, 이제는 그 하나님만을 바라보며 가족을 위해서도 그저 중보기도로 십자가를 지라 말씀하셨다.

그 요구를 따라 밤마다 기도의 자리에 가면 하나님께서는 비로소 "하나님이 하신다"라는 내적 음성을 들려주시며 이 아들을 치유하시는 주체가 하나님이심을 명백히 하셨다.

우리는 그 지점에서 코로나 시대를 맞이했다. 정신과 약을 끊고 난 뒤의 위험한 상태를 이제 막 통과한 시점이었다. 그러다 보니 아들의 건강상태가 앞으로 어떻게 진행될지 아무것도 예측할 수 없었다. 하나님께서 우리 가정의 이야기를 세상에 막 노출시킨 뒤라 남편과 아들의 회복을 바라는 많은 이들의 중보기도가 이어지던 무렵이기도 했다.

나는 그때 아들을 위해 두 가지를 했다. 남편에게 권했던 영양제 몇 알을 아들에게도 건넨 일과, 아들의 건강한 독립을 위해 이제부터는 무심한 엄마가 되기로 결단하는 일이었다.

그러나 무심해지는 일이야말로 내 성향상 얼마나 어려운 일이었는지 모른다. 나는 마치 중독 환자의 뇌가 조그만 자극에도 자동 반응함으로써 중독을 벗어나지 못하는 것처럼, 아픈 사람들, 특히 내 가족의 미세한 신음소리만 들려도 자다가 뇌에서 각성작용이 일어나 즉시 가족에게로 달려가는 사람이었다.

그런 내가 아들이 10시간 이상 자기 방에서 나오지 않아도 아들 상태를 확인하려고 아들 방 근처를 기웃거리지 않는 무심한 엄마가 된다는 것은 거의 불가능한 일이었다. 그러나 내 힘으로라면 절대로 할 수 없는 성향의 변화까지도 하나님께서는 하나님을 의지하는 자를 붙들어 친히 행하셨다.

나는 나보다 아들을 더 잘 다루실 뿐 아니라 지혜롭고도 권위 있게 인도하실 하나님을 믿었기에, 그 하나님께 아들을 맡기고 내

할 일에 집중할 수 있었다. 코로나 시국이라 하루 종일 아들과 집에 같이 있어도, 나는 하나님 말씀을 묵상하고 기도하고 찬양하는 재미에 빠져 사느라 때론 아들이 뭘 하면서 하루를 보내는지 잊어버리기도 했다. 내게 찾아온 기적 같은 변화였다.

그런 시간 속에서 하나님께선 아들을 붙잡고 무슨 일을 행하셨던 것일까? 다른 건 몰라도 하나님께서 아들에게 독립과 회복에 대한 의지를 강렬하게 불어넣어 주셨음은 틀림이 없다. 아들이 약을 끊고 금단증세에서 벗어난 뒤로 몇 개월 사이, 아들 스스로 혼자 유산소운동과 근력운동, 식이요법을 해가며 체중을 14킬로그램이나 감량한 게 그에 대한 증거였다. 우울증 환자였던 사람이 운동하여 살을 빼려면 어느 정도의 의지가 있어야 하는지를 알 만한 사람은 알 것이다. 하나님께서 친히 그 아들을 붙잡고 은혜를 주셨다고밖에는 말할 수가 없었다.

운동을 하고 살이 빠지면서 아들에게선 불안장애 증세도 거의 보이지 않았다. 지난 10년 동안 밤마다 아침마다 찾아들어 자기 자신뿐 아니라, 온 가족을 잠 못 들게 하던 증세가 다시는 집 안에서 활개를 치지 못했다. 그래서 때론 '얘가 다 나았나?'라는 생각도 들었지만, 그조차도 내가 먼저 말을 꺼내지 않고 그저 사실이 확인될 날을 기다리며 기도할 뿐이었다.

드디어 그날이 온 것일까. 늦은 여름 장마로 세찬 비가 내리던 2020년 7월의 어느 날이었다. 아들은 그날 아침부터, 친구를 만나러 나가겠다며 분주히 외출 준비를 했다. 이 병을 앓은 지 10년 동안 집 밖에 나서는 것을 극도로 싫어할 뿐 아니라 거울을 보며 자신을 단장하는 일조차 버거워하던 그간의 모습과는 대조적이었다. 때는 바야흐로 건강하던 사람도 외출하기 불안해하는 코로나 시국이었다. 아들은 그런 때에 친구와 미술전시회를 본다고 왕복 4시간 거리의 서울까지 혼자서 다녀오겠다며 마스크를 챙겼다.

과연 이 걸음이 기쁨으로 마무리될 수 있을까. 기대 반 걱정 반 섞인 마음이었지만 다른 내색 없이 아들에게 잘 다녀오라고 미소 지으며 용돈을 조금 건네줬다.

그날 밤, 서울까지 다녀온 아들이 현관문을 열고 들어서는데 전에 보지 못했던 기쁨의 빛이 얼굴에서 뿜어져 나왔다. 그에 대해 아들도 하고 싶은 말이 있는 듯 방으로 가지 않고 거실 의자에 살포시 앉았다. 나도 두근거리는 마음을 달래며 아들에게서 나올 말을 기다렸다.

"엄마, 친구와는 잘 만났구요, 친구와 헤어져 집으로 오는 전철을 탔는데 순간 울컥하더라고요. 뭐랄까, 성장한 느낌 같은 거요. 남들한테는 아무것도 아닌 일이지만 저한테는 뭔가 해냈다는 느낌이 들었어요. 어쩌면 이걸 확인하고 싶어 오늘 외출을 했는지도 모르겠어요. 남들이 보면 고작 이거 하려고 이렇게 오랜 시간이 걸렸나 말할 수도 있겠지만….'

아들의 그 말에 나도 가슴에서부터 뜨거운 무언가가 올라왔다.

아들은 혼자 외출해서 친구를 만나고 전철을 타고, 그 전철 안에서 받은 느낌을 계속해서 전해줬다.

"학교 다닐 때 버스 타고 전철 타는 것이 참 무서웠거든요. 그런데 오늘 처음으로 '괜찮구나'라는 생각이 들면서 기분이 좋더라고요. 평정심을 지닌 채 전철 타는 일, 남들 다하는 별것 아닌 일일 수 있겠지만 나는 태어난 지 스물두 해 만에 그거 해낸 거 같아요. 그게 저로선 너무 대견하고 기쁘더라고요."

아들의 그 말에 나도 속으로 환호성을 질렀다.

'드디어 해냈구나, 정말 어려운 한 걸음을 해냈구나. 멋지다, 내 아들. 자랑스럽다, 내 아들. 사랑한다, 내 아들.'

아들은 이어서 전철역에서 내려 우리 마을까지 버스를 타고 와서는 버스 정류장에서 집까지 걸어왔던 과정의 소회도 전해줬다.

"버스에서 내려 우리 동네를 걸어오는데 학교 다니던 시절이 생각나더라고요. 어둑어둑한 길을 걸어올 때 나를 죽일 것같이 악의적인 불안이 항상 나를 덮쳐오곤 했었어요. 그건 정말 나를 삼킬 듯한 불안이었어요. 그때 나는 어떻게 견뎠을까, 내가 지금 살아있는 것이 기적이다 싶은 생각도 들면서, 지금 이렇게 불안의 필터 없이 밤하늘을 보며 걸을 수 있다는 것이 너무너무 좋았어요. 내가 정말 많이 좋아졌구나, 알게 되더라고요."

그 말을 들으며 나는 속으로 펑펑 울었다. 그때 이 아들이 얼마나 힘들었을까. 그것을 나는 얼마나 공감해줬을까, 하면서…….

"물론 그 불안이 지금도 저 아래 내재되어 있다는 거 알아요. 언제든 다시 올라올 수 있다는 것도요. 그래서 계속 운동도 하고 자기관리도 하고 그럴 거예요. 다만 지금은 그 불안을 통제하면서 '너 거기 그대로 있어'라고 말할 힘이 생겼다는 거, 그게 달라진 것 같아요. 그건 그렇게 하려고 해서 되는 것은 아니거든요. 그 힘이 주어졌기 때문에 할 수 있는 거지."

아들의 고백은 우리에게 주어진 이 회복이 어떻게 가능해졌는가에 관한 진실을 드러내고 있었다. 그 힘을 주신 분이 누구이신지도…. 그래서 아들은 아픈 사람을 자신의 지혜와 권고로 살려낼 수 있다고 여기는 오만한 태도에 대해서도 한마디를 덧붙였다.

"그러니까 불안해하는 사람에게 '거봐, 네가 마음을 잘 관리하면 되는데 왜 그러고 있니?' 하고 함부로 말해선 안 될 일이에요. 조절할 힘도 주어져야 할 수 있는 거니까요."

하나님께서는 큰아들에게 회복을 주실 뿐 아니라 외적으로, 또 내적으로 성장시키고 계셨다. 그것도 모두가 움츠러든 코로나 시국, 나에게 '독립'이란 단어를 주신 그 시점 이후에 이 아들의 하나님께서 친히 그 아들을 인도하고 계셨다. 내가 그 아들을 아들의 하나님께 온전히 맡기고 나는 그저 내 삶을 살아가던 그 시점부터 아들은 성장과 성숙의 가도를 걷고 있었다. 하나님의 전적인 은혜였다.

너의 하나님 여호와가 너의 가운데에 계시니 그는 구원을 베푸실 전능자이시라 그가 너로 말미암아 기쁨을 이기지 못하시며 너를 잠잠히 사랑하시며 너로 말미암아 즐거이 부르며 기뻐하시리라 하리라 습 3:17

시냇가에 심은 나무

작은아들은 코로나 시대를 사는 첫 수험생이었다. 교육부는 사상 처음으로 수능일을 12월 이후로 늦췄고, 새 학기도 예년보다 2주나 늦춰 시작하게 했다. 각 학교는 고3 학생들을 어떻게 지도해서 코로나 시대의 입시지옥을 뚫을 것인가 고심했다. 작은아들이 다니는 학교에서는 신학기가 시작된 지 며칠 만에 '학부모 입시설명회'를 개최한다고 통보하며 긴장된 입시 분위기를 전해줬다.

작은아들의 학년부장 선생님의 전화를 받은 것은 그 입시설명회가 있기 하루 전날이었다. 아마도 입시설명회에 참여하지 않겠다는 내 의사를 전달받고는 의아한 마음에 주신 전화였을 것이다. 나는 선생님께 솔직하게 말씀드렸다.

"제가 입시에 대해선 아무것도 몰라서요. 어차피 공부는 아이가 하고 선생님들의 지도하에 아이가 결정해서 대학에 들어가는 것인데, 아무것도 모르는 제가 입시설명회에 참석한다고 아이에게 도움이 될 것 같지는 않아요. 그래도 참석하는 것이 좋을까요? 그렇다면 참석하겠습니다만….”

그 말에 선생님은 서둘러 답변을 주셨다.

“아닙니다, 아닙니다. 생각이 그러시다면 참석하지 않으셔도 됩니다. 아이가 워낙 알아서 잘해나가고 있고요, 저희를 믿고 맡기셨으니까 저희가 잘 지도하도록 하겠습니다.”

그렇게 전화를 끊기가 민망하셨는지 선생님은 ‘군계일학’이라는 말로 아이에 대한 칭찬을 이어가셨다. 성적에 대한 칭찬이 아니라 아이의 성품과 관련한 칭찬이셨다. 자신도 자식을 키우지만 이 아이를 보면서 부모님이 어떻게 키우셨길래, 라는 생각이 들 정도로 잘 자랐다 하셨다. 선생님의 그와 같은 격려를 듣자니 눈물이 핑 돌아서 감사 인사와 함께 서둘러 전화를 끊어야 했다. 나는 이 아들에 대해 ‘어떻게 키우셨길래?’라는 말을 들을 자격이 없는 엄마임을 너무 잘 알았던 까닭이었다.

아들이 고3 수험생이 될 때까지 나는 언제나 당면한 문제들을 해결하는 데 급급해 작은아들에게 많은 신경을 써주지 못했다. 초등학교 1학년 땐가 영어학원과 피아노학원에 몇 개월 보내준 것 외에는 그 흔한 입시학원에도 한 번 보내주지 못했다. 아들에게 관심이 없어서가 아니었다. 관심으로 치자면 나 자신에 대한 관심보다 수십 배, 수백 배는 더할 만큼 사랑하고 아끼는 아들이었다.

그러나 나는 폭격을 맞은 듯한 세월을 살아가면서, 남편이든 자식이든 내 힘으로 상대를 일으킬 수 없다는 사실과 늘 마주해야 했다. 하나님께서 붙잡고 일으켜주지 않으시면 어떤 영혼도 진정한 삶을 살아갈 수 없음을 깨달아 알게 된 세월이었다. 그래서 나는 사랑하는 이 아들을 하나님께 맡기며 하나님께서 친히 키워주시기를 기도하는 것이 내 본분의 전부라 여겼다. 부디 이 아들이 하나님의 다스리심을 받으며 자연스럽고도 견고하게 성장해가기를 기도할 뿐이었다.

'어떻게 키우셨길래?'라는 선생님의 물음에 눈물이 났던 것은 그 때문이었다. 정말 하나님이 키우셨구나, 연약한 부모에게서 자라나는 이 아들을 하나님께서 친히 돌보셨구나, 라는 자각이 밀려들어서였다.

실제로 아들이 자라온 모든 과정이 이를 증거하고 있었다. 남편이 아픈 지 10년쯤 되던 해였을 것이다. 큰아들까지 아프기 시작하면서 우리 가정이 쑥대밭으로 변해가는 듯했던 그 해에 작은아들마저 학교 숙제도 안 해가고 결석까지 잦아져 담임선생님으로부터 한걱정을 들어야 했다. 그래서 나는 절박한 심정으로 이 아들을 '하나님의 시냇가'에 심을 수밖에 없었다. 하나님이 직접 키워주세요. 제 손이 이 아들에게 미치지 못한다는 걸 하나님이 아시잖아요, 라는 고백과 함께….

그런데 아들은 이후 언제부터랄 것도 없이 모든 생활의 전반에 걸쳐 꾸준한 성장을 보여줬다. 초등학교, 중학교 과정도 즐겁게 보내는 것 같았다. 고등학교에 들어가서는 공부에 두각을 나타내기 시작하더니 고2 마지막 학기에는 문·이과를 통틀어 전교 1등의 성적을 거두기도 했다.

내가 학부모 입시설명회에 참여하지 않은 것은 그러한 이유에서였다. 입시설명회를 듣고 나면, 입시에 대해 잘 알지도 못하는 내가 공부 좀 한다는 아들을 명문대에 보내겠다고 아들의 여정에 함부로 관여하게 될까봐 스스로 경계했던 것이다. 엄마인 내가 해야 할 일은 전부터 해온 그대로, 아들에게 밥 세 끼를 정성스레 차려주는 일과 함께 하나님께서 직접 이 아들을 인도하시도록 기도하는 일임을 잊지 않으려 했다.

내가 할 일이 한 가지 더 있다면, 아침저녁으로 아들과 함께하는 시간을 갖는 일이었다. 입시 공부로 시간과의 싸움이 치열할 때였고, 코로나바이러스로부터 아들을 보호해야 할 때이기도 해서 학교를 오가는 동안은 내가 직접 운전을 해서 아들의 등하교를 돕기로 했다.

그러다 보니 그 시간은 엄마인 내게 힐링 타임이 되어주었다. 그동안 이 아들과 오붓한 시간을 가져보지 못해 늘 미안했던 내 마음에 보상을 주는 것도 같았다. 나는 하루 두 번씩 아들과 함께하는 시간을 가지며, 수험생의 실제적인 고민과 상황을 전해 듣고는 밤마다 그 기도제목을 안고 기도하곤 했다.

그러던 어느 날이었다. 잠을 줄여가며 열심히 공부하는 아들을 보자니 불현듯 걱정이 밀려왔다. 아들이 만약 집에서 먼 Y대나 K대에 들어간다면 자취생활을 해야 할 텐데 그 비싼 사립대학 등록금이며 생활비까지 도저히 감당할 수 없을 것 같아서였다. 내 생각은 자연스레, 다른 학교에 비해 반값 등록금을 내는 한 국립대학교에 머물렀다. 그 학교에 간다면 인천의 우리 집에서도 다닐 만해서 자취를 하지 않아도 될 터였다.

"하나님, 이 아들을 서울대학교에 보내주세요."

나도 모르게 그 기도가 터져 나왔다. 그 학교에 가야만 학비며 생활비를 감당할 수 있다는 그 이유 하나에서였다.

그러나 아들이 다니는 인천 외곽의 일반 인문계고등학교에서 전교 1,2등을 한다 해도, 3년 동안의 특별한 학생활동 내역이 있지 않은 한 수시 제도를 통해 서울대학교에 들어가기란 거의 불가능했다. 그렇다면 100퍼센트 수능시험 점수만 보는 정시 제도를 통해 들어가는 수밖에 없는데, 전 과목 초고득점을 받아야 하는 수능시험으로 서울대학교에 들어가기란 더더욱 어려운 일이었다.

지방은 말할 것도 없고 서울에 있는 수험생들 대부분이 정시로 도전하기보다 내신과 학생부 활동, 면접이 어우러진 수시 제도를 통해 일찌감치 대학 입학을 결정하는 것은 그 때문이었다. 아들이 다니는 학교에서도 정시 제도로 서울대학교에 입학한 사람은 개교 이래 아무도 없었다. 그 생각을 하자니 나도 모르게 탄식이 터져 나왔다.

"하나님 어떡해요? 우리 형편에 이 아들이 다른 학교에 간다면 등록금이며 생활비며 어떻게 감당해요?"

그러자 곧바로 하나님의 내적 음성이 들려왔다.

너는 뭘 그리 걱정하냐? 그새 나를 잊었니?

가난한 듯 보였어도 필요할 때마다 아무 부족함 없이 채워졌던 그간의 일들을 잊었냐는 듯한 하나님의 책망 섞인 음성이었다. 갑자기 돈 걱정을 하며 탄식하는 내 모습에 하나님께서 어이없어하시는 것도 같았다. 왠지 머쓱해진 나는 그간 우리 가정을 돌봐주셨던 하나님의 역사를 떠올리며 그 자리에서 걱정을 털어버리려 애를 썼다.

그러나 다음날에도 집안의 경제 사정을 계산기로 두드리다 보니 입시 이후에 대한 걱정이 덜어지지 않았다. 그것을 하나님께서도 아셨는지 그 이틀 뒤 친구인 김정 사모와의 통화 중에 하나님의 똑같은 음성을 또 한 번 듣게 하셨다. 갑자기 아들 등록금이며 생활비에 대한 걱정이 몰려와 힘들다는 내 얘기에 친구가 어이없어하며 이렇게 답했던 것이다.

"사모님 참 웃긴다. 그걸 뭘 걱정해? 하나님이 그 아들을 위해 어련히 알아서 채워주시겠어? 아마 그 아들은 돈 벌면서 학교 다닐 걸?"

김정 사모의 그 말을 듣자 이틀 전 기도실에서의 일이 떠올라 나도 힘차게 대답했다.

"그치? 이틀 전 하나님께서도 사모님과 똑같이 말씀하시더라고. 나보고 참 웃긴다고 하시는 것 같았어. 사모님처럼. 하하. 진짜 걱정하지 말라 하시는 것 같아."

하나님의 음성은 반복해서 들려주신다는 특징이 있다. 기도 자리에서 들은 하나님의 음성을 내가 믿지 못하고 흔들릴 때 하나님께서는 사람을 통해서든 성경을 통해서든 다시 한번 그 음성을 들려주시며 당신의 뜻을 확인시켜 주신다. 친구와 통화했던 그날, 나는 그렇게 아무것도 염려하지 말고 하나님께 모든 것을 맡기라는 하나님의 뜻을 재확인한 후 다시 기도하는 일에 힘을 낼 수 있었다.

> 아무것도 염려하지 말고 다만 모든 일에 기도와 간구로, 너희 구할 것을 감사함으로 하나님께 아뢰라 그리하면 모든 지각에 뛰어난 하나님의 평강이 그리스도 예수 안에서 너희 마음과 생각을 지키시리라 빌 4:6,7

시간은 흐르고 흘러 어느덧 수능시험이 코앞에 다가왔다. 그동안 아들은 정시로 대학에 가려는 목표를 세우고는 12월 초로 잡힌 수능일까지 공부를 계속해나갔다. 그 때문에 3학년 2학기 중반에 일찌감치 대학합격 소식을 들은 다른 친구들과 달리, 아들은 혼자서 고독한 경주를 몇 달 더해야만 했다.

코로나 시국이라 예년보다 늦게 잡힌 수능일이 다가올수록, 수능 당일의 방역 문제로 온 나라도 비상시국이었다. 방역을 위해 설치한다는 칸막이 하나를 두고서도 시험지 넘기기가 어려워 문제 풀기가 어렵다는 등 온갖 혼선이 빚어지고 있었다. 그러한 때에 아들은 아빠가 구입해준 칸막이를 자기 책상에 설치해 시험 당일과 비슷한 환경으로 시뮬레이션을 해가며 수능시험을 준비해나갔다. 초긴장 상태였지만 평정심을 유지하며 잘 달려가 주는 듯했다.

그런데 시험을 1주일 앞두고 아들은 갑자기 열이 나며 맥을 못 춘 채 침대에 드러눕고 말았다. 체온을 재보니 37.4도. '혹시 코로나?' 그 생각에 잠시 정신이 아득해졌다. 하필 이 순간에 코로나에 걸린다면 아들의 입시는 물 건너간 것과 다를 바 없었다.

그러나 곰곰 생각해보니 코로나에 걸렸을 가능성은 희박했다. 아들은 그 열흘 전부터 학교 방침에 따라 두문불출하고 집에서만 수능을 준비하고 있었다. 남편도 혼자서 교회에 출근해 일하다 돌아오는 것 외에는 누구도 만나지 않고 외출도 삼가고 있었다.

그렇다면 1년 가까이 지속된 긴장감 때문인가 싶어 약국에서 해열제와 소화제를 사다가 건넸지만 두 알의 약을 먹은 아들은 구토까지 하고는 더 널브러지고 말았다. 심지어 온종일 죽조차 먹지 못하는 상태가 되었고 그 상태는 다음날까지도 이어졌다. 수능일이 불과 6일 앞으로 다가온 때였다. 아, 하나님…. 이 상황에서 아들을 위해 뭘 해야 할지 몰라 하나님의 이름을 불렀다.

기도해야지.

이번에도 하나님의 답은 명확했다. 기도하라는 그분의 음성. 그래서 교회 단톡방에 상황을 알리며 중보기도를 부탁했다. 기도제목을 올림과 동시에 "기도하겠습니다", "기도할게요", "하나님이 함께하실 겁니다" 등 지체들의 응답이 신속하게 이어졌다. 기도 외에 할 수 있는 것이 아무것도 없는 상황에 처해보면 "기도하겠습니다"라는 그 한마디 답변이 얼마나 큰 힘이 되는지 실감할 수 있다.

나 역시 지체들의 그 답변을 보고서는, 이 시점에 아들이 아픈 것이 망할 징조가 아니라 인생의 모든 과정을 오직 기도로 돌파하게 하시는 하나님의 은혜의 징조라 믿어졌다. 그래서 나도 다시 엎드려 기도할 수 있었다. 남편 역시 아들에게 가서 기도해주고는 교회로 가서 자기 할 일에 전념했다.

저녁 무렵 열을 재보니 다행히 체온은 정상이었다. 코로나는 아니라는 뜻이었다. 외부의 도움을 받아야겠다는 생각도 들었다. 우리 동네 소아과병원 원장인 친구에게 전화해 아들에게 링거를 놔줄 수 있는지를 물었더니 친구는 퇴근 후 흔쾌히 달려와 영양제와 수액을 놓아주었다. 진료비도 받지 않았다. 몇 해 전 남편이 쓰러졌을 때도 한달음에 달려와 포도당과 영양 수액을 놓아줬던 고마운 친구였다. 의사인 이 친구는 영양주사를 놓아주는 것으로 아들을 위한 중보기도에 동참해주었다.

하나님께서 그 모든 기도를 받으셨던 것일까. 아들은 다음날부터 컨디션이 돌아오더니, 수능 당일에는 어느 때보다 컨디션이 좋다며 스스로도 희한하다고 했다. 그리고 시험이 끝난 뒤 집으로 돌아오는 차 안에서 답을 맞춰보더니 이렇게 말했다.

"아빠, 엄마, 국어를 제외한 전 과목 만점인 거 같아요. 국어가 워낙 어려웠어요."

나중에 결과지를 받아보니 국어도 1등급이 나와 아들은 전 과목 1등급의 좋은 점수로, 바라던 서울대학교 인문학부에 당당히 합격했다.

아들의 합격 소식에 교회 지체들은 너도나도 질문을 던졌다.

"사모님, 정말로 입시학원에 한 번도 안 보내신 게 맞아요? 어떻게 학원도 안 보냈는데 그 학교에 들어가요?"

그 질문에 대한 답은 아들이 합격 이후 방 정리를 하며 버리려고 내놓은 문제집 속에 어느 정도 들어 있었다. 수험생이 되기 전 해 12월부터 수능을 보기 직전까지 1년 동안 풀었던 문제집 수가 족히 4백 권은 넘었다. 아들은 하루에 한 권꼴로 문제집을 풀어가며 입시 공부를 해낸 것이다.

몸무게가 50킬로그램 정도밖에 안 되는 약한 체력으로 어마어마한 공부량을 성실하게 해냈다는 것이 놀라울 따름이었다. 큰아들의 표현대로 공부할 힘이 누군가로부터 주어졌기에 가능한 일이었다. 두말할 것도 없이 하나님의 은혜였다.

누구는 이런 말도 했다. 초등학교 때부터 엄청난 교육비를 들여가며 특별한 교육을 받아야만 그 대학에 들어가는데 사모님은 그런 입시 현실을 아무것도 모른 채로 서울대학교 학부모가 되었다고. 그 말을 듣고 보니 하나님의 은혜가 더 실감 났다.

나는 정말이지 아이에게 어떤 교육여건을 마련해줘야 하는지 전혀 모르는 사람이었다. 내가 아는 것은 그저 그 대학 학비가 다른 학교에 비해 절반이라는 것과 그곳이 서울에 있는 대학 중 우리 집에서 가장 가까운 대학이라는 것뿐이었다. 그래서 그토록 아들을 서울대학교에 보내달라는 기도를 담대히 드릴 수 있었다.

하나님께서는 학비 걱정까지도 말끔히 해결해주셨다. 국가장학금을 신청한 결과 아들에게 4년 내내 장학금 혜택이 주어졌고 마침 서울대학교 학비가 딱 그만큼이라 아들은 말하자면 4년 내내 등록금 전액을 면제받으며 공부할 수 있게 되었다. 아들의 형편을 아시고, 아들을 친히 살피시며, 철을 따라 열매 맺게 하시는 그 아들의 하나님께서 베푸시는 은혜였다. 너무도 어려웠던 코로나 시국에 하나님께서는 우리 가족 한 사람 한 사람에게 다함 없는 그분의 은혜를 베풀어주셨다.

복 있는 사람은 악인들의 꾀를 따르지 아니하며 죄인들의 길에 서지 아니하며 오만한 자들의 자리에 앉지 아니하고 오직 여호와의 율법을 즐거워하여 그의 율법을 주야로 묵상하는도다 그는 시냇가에 심은 나무가 철을 따라 열매를 맺으며 그 잎사귀가 마르지 아니함 같으니 그가 하는 모든 일이 다 형통하리로다 시 1:1-3

2022년 1월 4일

지붕이 뚫릴 때까지

    하나님, 교회 지체 중 한 분이 무릎 수술을 받는 날입니다. 큰 수술이기도 하고 회복에도 상당한 시간이 걸리기에 주님께 도움을 구하지 않을 수 없습니다. 그래서 오늘 오전에는 수술받는 자매님이 교회 단톡방에 수술 시간을 올렸고 교회 식구들 모두 기도에 동참하며 한마디씩 회복을 구하는 기도를 주님께 아뢰었습니다.

    고통과 아픔에 처한 누군가가 자신을 고립상태에 두지 않고 오히려 자신을 열어 모든 지체에게 알리고, 그것을 알게 된 지체들이 중보기도를 활발하게 이어갈 때 교회는 교회다운 모습으로 변해갑니다. 그런 면에서 오늘 기도제목을 올려준 자매님은 담길교회가 주님의 신부로서 역할을 하도록 이끌어준 고마운 사람이라 할 것입니다.

    저 역시도 그 기도제목을 받고서, 말씀을 펼쳐 묵상하며 중보기도를 이어갔습니다.

    한 중풍병자를 사람들이 침상에 메고 와서 예수 앞에 들여놓고자 하였으나 무리 때문에 메고 들어갈 길을 얻지 못한지라 지붕에 올라가 기와를 벗기고 병자를 침상째 무리 가운데로 예수 앞에 달아 내리니 예수께

서 그들의 믿음을 보시고 이르시되 이 사람아 네 죄 사함을 받았느니라

하시니 눅 5:18-20

중보기도에 관한 유명한 본문인 이 말씀을 펼쳐보니, 사람들이 예수께로 병든 친구를 직접 데리고 나왔다는 사실이 제일 먼저 눈에 띕니다. 내 이웃을 대신하여 그들의 아픔을 예수님께 갖고 가는 것, 그것이 중보기도가 아니겠습니까.

그런데 본문에서 알 수 있듯 그들은 중풍병자인 친구를 예수님 앞에 쉽게 내려놓지 못합니다. 무리에 가로막혀 예수께로 갈 수가 없기 때문입니다. 중보기도하는 일이 결코 쉽지 않고 각종 방해거리와 마주하게 된다는 사실을 뜻하는 구절로 읽혔습니다.

그러나 친구를 데리고 나온 사람들은 그것에 굴하지 않고, 지붕 위로 올라가 지붕을 뚫기 시작합니다. 여기서 기와라고 말한 것은 한국식으로 표현한 것이겠지만 그 표현 그대로 생각해봐도 지붕을 뚫어 친구를 예수님께 내릴 정도라면 몇 개의 기와를 걷어내야 했을지 궁금합니다. 역시나 예수님께 상달되는 중보기도가 쉬운 일이 아님을 알게 해주는

표현입니다.

　그럼에도 본문 속 친구들은 지붕이 뚫릴 때까지 기와를 걷어냈습니다. 예수님과 친구 사이에 가로막힌 것들이 엄청난데도 불구하고, 무리를 뚫고 지붕을 뚫어 마침내 친구의 병상을 예수님의 눈앞에 내려놓는 데 성공한 것입니다.

　하나님, 이 말씀을 묵상하며 현장 속으로 들어가다 보니 오늘 수술받는 자매님을 위한 기도뿐 아니라 지체들의 또 다른 기도제목들이 떠올랐습니다. 특히나 몇 년 동안 드렸던 중보기도에도 아직 응답되지 않은 기도제목들이 떠올라 '어떻게 할까요?'라고 여쭙게 되었습니다.

　말씀을 통해 주께서 들려주시는 답은 명료했습니다.

**　기도를 계속해라.**

**　기도를 막는 많은 방해물들, 이를테면 낙담이나 게으름이나 믿음 없음 같은 것들이 밀려올 때도 지붕이 뚫릴 때까지, 기도가 응답될 때까지 기와를 걷어내며 기도하기를 계속하라.**

　중보기도에서 가장 중요한 자세는 멈춤이 없이 기도하는 것임을 오늘도 주께서 다시 알려주셨습니다. 그래서 기도했습니다.

　그리고 기도하겠습니다. 식사 준비를 하다 기도하고, 점심식사 후 산

책을 하며 기도하고, 또 골방기도의 시간에 기도하려 합니다. 수술이 잘되기를 위해 기도하고, 회복 과정에도 하나님의 은혜가 임하기를 기도하겠습니다. 누군가에게 살길이 열리기를 기도하고, 영혼이 잘됨같이 범사가 잘되기를 기도하겠습니다. 언제까지? 지붕이 뚫려 마침내 그가 예수님과 만나 예수님이 하시는 일들을 볼 때까지 기도하겠습니다.

그것이 중보기도자의 마땅한 자세임을 알려주신 주님, 저로 묵묵히 중보기도의 자리에서 멈추지 않고 기도할 수 있도록 붙들어 주시옵소서. 저희가 누군가의 중보기도로 여기까지 이르렀듯, 저의 중보기도로 누군가 살아남을 볼 수 있을 때까지 기와를 걷어내며 기도하는 자가 되도록 저희를 인도하여 주옵소서.

그를 향하여 우리가 가진 바 담대함이 이것이니 그의 뜻대로 무엇을 구하면 들으심이라 우리가 무엇이든지 구하는 바를 들으시는 줄을 안즉 우리가 그에게 구한 그것을 얻은 줄을 또한 아느니라 요일 5:14,15

Chapter 7

우리가 영원히
드려야 할 기도

하나님을 찬양하며 나는 기도하기로 했다

단 하루의 시간이 주어진다면

하나님은 우리 기도에 응답하셨다. 그 때문에 나는 "여호와께서 시온의 포로를 돌려보내실 때에 꿈꾸는 것 같았도다"(시 126:1)라는 고백을 수시로 드리며 그 시절을 살았다. 그러나 또한 응답되지 않은 기도도 남아 있어서 나 역시 남들처럼 눈물을 흘리며 코로나 시국을 살아야 했다. 그중 하나가 친구 김정 사모의 뇌에서 암이 발견된 일이었다.

코로나가 시작되던 첫 해, 3월 중순이었다. 김정 사모가 난소암 4기 판정을 받고 기적과 같은 은혜 속에 5년 가까이 살아낸 뒤에 들려온 소식이었다. 병원에서는 이 소식을 전하며 특이한 사례라며 고개를 갸웃거렸다. 난소에서 시작된 암이 뇌까지 전이되는 경우는 전체 환자의 2퍼센트밖에 안 되는데 그 특이사례에 해당된다는 것이 첫 번째였고, 그 위치에 암이 생겼다면 신경장애가 와서 제대로 걷지도 못하고 피아노도 칠 수 없어야 마땅한데, 보행에 지장이 없고 예배 시간에 피아노 반주도 하고 있었다는 것이 두 번째 특이사항이었다.

병원에서는 수술을 해서 뇌에 생긴 암덩어리를 떼어내자고 했다. 그러나 머리를 열어 종양을 떼어내는 수술 자체가 워낙 위험한 데다, 수술이 잘된다 해도 회복을 장담할 수 없다는 점에서 선뜻 수술을 결정할 수 없었다. 친구는 며칠 간의 기도 끝에 여리고성을 도는 심정으로 수술을 받겠다는 뜻을 내게 알리며 기도를 부탁해 왔다.

병원에서는 위험한 수술을 앞둔 만큼 김정 사모에게 집부터 다녀오라며 이틀간의 휴가를 줬다. 수술 도중 사망에 이를 가능성을 배제할 수 없으므로 수술에 앞서 가족들과의 시간을 보내라는 의미였다. 가장 엄중하고도 절박한 시간이 김정 사모에게 주어졌다.

나는 낮에 그 소식을 전해 듣고는 온종일 중보기도 모드에 들어가 살았다. 그런데 밤 12시 즈음, 이 친구에게서 전화가 걸려왔다. 깜짝 놀라 전화를 받아보니 낮에 통화할 때와 달리 친구의 목소리에는 오히려 차분함이 묻어나왔다. 내일 하루는 두 딸과 함께 보낼 예정이라 어쩌면 오늘 밤이 나와 마지막으로 통화하는 시간일 수 있어 전화한 것이라 했다.

"사모님힌테 꼭 남기고 싶은 말이 있어서 전화했어. 고마웠다고. 내가 정말 사랑하는 친구였다고 말하고 싶었어. 사랑해, 한근영."

친구의 그 말에 눈물이 왈칵 쏟아졌다, 하지만 수술을 앞둔 친구 앞에서 울면 안 될 것 같아 터져 나오는 눈물을 붙들었다. 그런 말 말라고, 왜 유언처럼 그런 말을 하냐고 말하고도 싶었다. 그러나 그러기엔 친구의 태도가 너무 진지해서 나도 더듬거리며 한마디를 뱉었다.

"나도 사랑해. 사모님처럼 사랑하는 친구가 내 인생에 없어."

몇 년 전이었던가. 항암 중인 김정 사모를 위해 몇 가지 반찬을 해주고 돌아오던 날, 친구는 내게 생일선물과 함께 쪽지 한 장을 건넸었다.

사모님을 만나고서야 나는, 요나단이 다윗을 향해
자기 생명처럼 사랑하는 친구라고 표현한 성경 구절이 이해가 되더라.
사모님은 내 목숨처럼 사랑하는 친구야. 알지?

그와 같은 쪽지를 받고서도 나는 친구 앞에서 '다윗과 요나단'의 스토리를 더는 언급하고 싶지 않았다. 요나단이 이른 나이에 먼저 세상을 떠난 일이 떠올라서였다. 하지만 실제로 김정 사모는 내게 하나님의 메시지를 전해주는 메신저의 삶을 살았다는 점에서 예수님의 표상인 요나단과 비슷했다.

투병 중인 시절 내내 나로 하여금 기도자리에 가도록 이끌어준 사람이 이 친구가 아니었던가. 친구는 늘 내게 기도 부탁을 해왔고, 간혹 나도 담길교회 예배당 이전 문제와 같은 기도제목을 친구에게 부탁할 때면 "밤마다 1시간씩 함께 기도하자. 나는 병상에서 기도할 테니 사모님은 그 시간에 집에서 엎드려 기도해"라고 제안하는 방식으로 나를 기도 자리에 앉혀놓았다.

그러다 보니 이 친구가 나를 향해 "내 목숨처럼 사랑하는 친구"라 표현한 것도, 친구로서 건네는 개인적인 고백을 넘어, 나를 향한 하나님의 사랑이 어떠한 사랑인지를 알려주는 메시지로 받아들여졌다. 친구는 그 순간에도 예수님의 도구가 되어, 당신의 목숨보다 나를 더 사랑해서 십자가에 달리신 예수님을 떠올리게 해주는 요나단의 사명을 감당하고 있었다.

다음날, 남편은 김정 사모에게 가보는 것이 좋겠다며 나를 친구 집에 내려준 뒤 김정 사모가 섬기는 부평수봉산교회로 향했다. 김정 사모의 남편인 임홍직 목사님을 만나고 온라인예배 송출 문제를 돕기 위해서였다. 임홍직 목사님은 아내의 투병 중에도 부평수봉산교회 새벽기도회와 수요예배, 주일예배 강단을 충직하게 지켜내며 고군분투하고 있었다.

남편을 보내고 나 홀로 김정 사모 집에 들어가 보니 밤새 울었는지 친구의 얼굴이 퉁퉁 부어 있었다. 나는 일정을 방해하고 싶지 않아 부엌에서 반찬 몇 가지를 만들며 말했다.

"사모님, 오늘 애들하고 시간 보낸다고 했잖아. 방해 안 할 테니까 하던 거 마저 해."

친구가 마저 해야 하는 일은 두 딸과 함께 하나님을 찬송하는 일이었다. 김정 사모는 오랜 투병생활에 몸이 여윌 대로 여윈 것은 물론, 목소리마저 한껏 쉰 데다 갈라져 있었다. 그러나 친구는 그것에 개의치 않고 두 딸과 함께 키보드 앞에 앉아 찬송가를 부르고 있었다. 셋이서 나누는 대화도 별로 없었다. 함께 한 곡을 부르면 나지막한 목소리로 "그다음에 뭐 부를까?"라고 말하는 것이 다였다. 세 모녀는 눈물을 꾹꾹 참으며 부드럽고도 곱게, 온 정성을 다해 2시간 내내 찬송을 불렀다.

그리고 12시 즈음. 기도하다가 김정 사모님이 떠올랐다며 이현주 집사님이라는 분이 서울에서 인천 부평까지 찾아왔다. 불시에 이루어진 방문이었다. 손에는 김정 사모가 좋아하는 꽃다발이 한아름 들려 있었고, 나와 김정 사모를 위해 예쁜 찻잔 세트도 마련해 갖고 오셨다. 그 분은 마치 여호와의 천사처럼 김정 사모를 위해 기도해주고는 자리를 뜨며 이런 말을 남겼다.

"김정 사모님, 전에 했던 대로 수술예배 잘 받고 오세요."

처음 난소암 판정을 받아 인하대병원에서 수술한 이후 국립암센터에서 두 번째 대수술을 앞두었을 때, 김정 사모는 우리 모두에게 '수술예배'라 표현하며 기도를 부탁해왔었다. 집사님은 그때의 일을 우리에게 상기시켜 주고 있었다. 김정 사모의 눈에서 반짝, 하고 빛이 났다.

오후 2,3시 즈음, 남편이 전화를 걸어 일을 마쳤다면서 데리러 온다고 했다. 그때 김정 사모가 말했다.

"조혁진 목사님이 요즘 제일 좋아하는 찬송이 뭐야?"

"글쎄? 왜?"

"오시면 조 목사님 목소리로 찬송을 같이 불렀으면 해서. 이번 일을 겪으면서, 내게 만약 단 하루의 시간이 주어진다면 뭘 하면서 보낼까 생각해봤는데 '찬송'이더라고. 내가 특별히 좋아하는 곡뿐만 아니라 다른 사람들이 사랑하는 모든 찬송을 주님께 올려드리고 싶은 마음이 너무 간절해."

친구는 그 말 그대로 수술실로 향하기 전날인데도 만약을 대비해 다른 일들을 하지 않았다. 물건을 정리하지도 않았고, 사랑하는 딸들에게 교훈의 메시지를 남기려 하지도 않았다. 친구가 하려는 일, 그것은 오직 찬송이었다. 하나님께서 우리를 지으신 목적 그 자체인 하나님을 찬송하며 마지막일지도 모를 이 하루를 하나님께 올려드리고 싶어 했다. 이사야서 43장 말씀이 떠올랐다.

보라 내가 새 일을 행하리니 이제 나타낼 것이라 너희가 그것을 알지 못하겠느냐 반드시 내가 광야에 길을 사막에 강을 내리니 장차 들짐승 곧 승냥이와 타조도 나를 존경할 것은 내가 광야에 물을, 사막에 강들을 내어 내 백성, 내가 택한 자에게 마시게 할 것임이라 이 백성은

내가 나를 위하여 지었나니 나를 찬송하게 하려 함이니라 사 43:19-21

　김정 사모는 때마다 새 길을 내시는 하나님의 은혜로 지금까지 살아왔다. 사막과 같은 광야에 길과 강을 내시는 하나님의 역사로 삶의 고비고비를 이겨냈다. 그래서 이 친구는 "하나님 진짜 대단해요. 저는 그 하나님만 바라며 살게요"라며 하나님을 찬송하지 않을 수 없었다. 하나님께서도 김정 사모의 그 신실한 찬양 고백을 받으시려고 김정 사모를 지으셔서 이 땅에 보내셨음을 이사야서는 알려주고 있었다.

　잠시 후, 나를 데리러 온 남편은 친구의 권유에 따라 키보드를 치며 "내가 참 의지하는 예수", "마음속에 근심 있는 사람", "크고 놀라운 평화가"를 올려드렸다. 친구는 큰 고통을 앞두고 마음을 진정시키기 위해서라거나 평안을 얻기 위해 찬송을 하려는 것이 아니었다. 선하고 아름다우신 주님, 이미 크신 일을 행하시고 앞으로도 행하실 우리 하나님을 온 맘을 다해 높여드리고 싶어 하나님을 찬양했다. 언젠가 우리 모두 통과해야 할 죽음의 캄캄한 터널을 마주한 자로서, 친구는 빛이신 주님을 찬송하며 어두움의 세력과 싸워내고 있었다.

가장 깊은 기도

마침내 그 찬송의 능력이 김정 사모에게 임했던 것일까. 그날 밤 집으로 돌아와 잘 준비를 하고 있는데, 이 친구에게서 문자가 왔다.

수술하는 과정이 거룩한 예배가 되길.

수술장에 하나님의 영광이 가득하길.

집도하는 분이나 도와주는 모든 의료진이

하나님의 영에 사로잡혀 수술하며

그것이 예배이며 영광이 되도록.

모두 마친 후

우리가 영에 사로잡힌 것 같다, 라고 말하며

평생 잊지 못할 수술이 되길.

나의 몸과 맘과 영혼을 주님께 맡기며…

내 육신의 몸은 마취되어 아무것도 못 하게 할 수 있으나

내 영은 침범할 수 없으니… 내 영은 찬양하리라!

사랑하는 친구여, 나 "할렐루야" 하며 깨어날게~^^

하나님이 정말 살아계심을~

말씀이 우리를 관통하심을~

나를 통하여 일하실 그 주님께 달려갈게.

징징 짜지 않고.

내 안에 견고한 평안이 임했으니

내가 무엇을 두려워하리오.

친구는 또 한 번의 '수술예배'를 드릴 준비를 하며 그의 신앙고백을 담은 기도제목을 부평수봉산교회와 담길교회에 보내왔다.

그래서 나는 수술이 진행되는 그다음 날에 친구의 문자를 우리 담길교회 단톡방에 올려 중보기도를 부탁했다. 그리고는 아침 8시부터 오후 1시까지 성령께서 주관하시는 수술예배를 함께 드리기 위해 아침 일찍 우리집 골방에 들어가 말씀을 폈다.

여호와여 나와 다투는 자와 다투시고 나와 싸우는 자와 싸우소서 방패와 손 방패를 잡으시고 일어나 나를 도우소서 창을 빼사 나를 쫓는 자의 길을 막으시고 또 내 영혼에게 나는 네 구원이라 이르소서 내 생명을 찾는 자들이 부끄러워 수치를 당하게 하시며 나를 상해하려 하는 자들이 물러가 낭패를 당하게 하소서 그들을 바람 앞에 겨와 같게 하시고 여호와의 천사가 그들을 몰아내게 하소서 시 35:1–5

이 말씀은 그간 김정 사모를 위해 같이 기도해왔던 우리 교회 김영선 사모님이 김정 사모님께 전해달라던 성경구절이었다. 그 말씀을 문자로 전달하자 김정 사모는 자신도 같은 구절을 붙들고 기도하고 있었다며 놀라워했다. 나는 이 말씀에서 '나와 다투는 자',

'여호와께서 창을 빼사 그 길을 막는 자'를 수술실에서 제거해야 할 '암세포'에 빗대어 선포하며 기도했다. 여호와의 천사가 '그들' 곧 암세포들을 몰아내게 하소서….

이윽고 오후 1시가 넘어 수술실 상황이 전해져왔다. 수술이 매우 잘되었다는 소식이었다. 수술이 끝나자마자 친구는 지인들에게 약속한 대로 마취에서 깨어나며 "할렐루야"를 외쳤다고 한다. 깨자마자 호흡기를 찬 채로 그 소리를 외치느라 병원 의료진이 말하면 안 된다고, 무슨 얘기가 하고 싶어 이러냐고 만류하다가 호흡기를 떼어내자마자 "할렐루야"라고 외친 것이다.

그런 뒤 김정 사모는 수술이 잘되었는지도 묻지 않은 채 의료진에게 공손히 부탁부터 드렸다.

"제 남편과 함께 찬송하고 싶은데 찬송해도 되나요?"

의료진의 허락이 떨어지자 김정 사모는 자리에 누운 채 남편인 임홍직 목사님과 함께 찬송가 20장을 불렀다. 주님의 영광을 노래하는 것, 크신 일을 행하신 주님을 찬송하는 것이 우리 인생의 목적임을 친구는 그렇게 나타내고 있었다. 그리고는 자신을 위해 기도해주는 모든 이에게 그날 중 찬송가 20장을 하나님께 올려드릴 것을 문자로 권면했다.

저녁 8시쯤, 찬송의 기쁨에 휩싸인 김정 사모의 목소리를 전화기 너머로 전해 듣고는 나 역시 주님의 영광의 임재 속에 머물러 남편과 함께 우리 집에서 찬송가 20장, 27장, 84장, 85장을 하나님께 올려드렸다. 특히 찬송가 27장의 4절, "나 이제 생명 있음은 주님의 은혜요 저 사망권세 이기니 큰 기쁨 넘치네"를 부를 때는 이 찬송 가사가 꼭 김정 사모의 고백 같아 우리가 부른 곡을 녹음해 친구에 게 보내주었다.

친구가 수술대 위에 제물이 되어 오르는 그 시간을 통해 우리는 모두 알게 되었다. 하나님을 주목하여 바라보며 찬송할 때 우리를 에워쌌던 모든 어두움의 안개가 걷히고 빛이신 하나님의 임재 가운 데 머무르게 된다는 것을. 친구는 난소에서 시작된 암이 뇌까지 번 져 뇌에 생긴 암을 제거해야 하는 그 끔찍하고도 위험한 수술을 받 을 때도 하나님만을 찬양하며 오롯이 하나님께만 집중했다. 찬송 이야말로 주님께 드리는 진정한 예배이며 가장 깊은 기도라는 것을 친구는 목숨을 걸고 우리에게 알려주었다. 그 기도 속에서 친구는 또 한 번 살아나는 기적을 체험했다.

덤으로 사는 인생이라면

수술 다음 날, 김정 사모는 의사들로부터 또다시 '특이 케이스'라 는 얘기를 들었다. 뇌수술을 받고 중환자실에서 곧바로 일반병실 로 옮겨진 사례는 김정 사모가 처음이고, 뇌수술 다음 날에 컨디션 이 좋아 30분이나 걷기 운동을 하는 환자도 처음이라 했다.

그러나 수술 경과가 좋다고 해서 남은 싸움이 없는 것은 아니었다. 뇌에 있던 종양을 제거했지만 50퍼센트의 암은 뇌에 그대로 남아 있다고 봐야 했고, 뇌척수액에도 암이 퍼진 상태라 또다시 항암 치료를 받아야 했다. 그렇지 않으면 순식간에 암이 온몸으로 퍼져 버릴 터였다.

수술하고 나온 다음 날, 그 얘기를 내게 전하면서도 김정 사모의 목소리에선 절망이 묻어나지 않았다.

"이제는 덤으로 사는 인생이니까 괜찮아."

앞으로 남은 시간이 1주일이 됐든 1년이 됐든 그게 '덤으로 사는 인생'임을 김정 사모는 알고 있었다. 어쩌면 그게 김정 사모와 우리의 차이였는지도 모른다. 얼마가 됐든, 자신에게 남은 날이 정해져 있음을 알고 사느냐 모르고 사느냐는 그 차이 말이다.

내가 지켜본 김정 사모는 암 선고를 받은 직후부터 이대로는 파산을 넘어 파멸할 수밖에 없는 우리 인생의 진실을 누구보다 생생히 대면하며 살았다. 매일 죽음을 직면했고, 그래서 죽음 후 하나님의 빛 가운데 드러나게 될 우리의 모든 죄악상에 대해서도 직면하기를 피하지 않았다.

그래서 친구는 투병 중에도 자신을 조금이라도 높이는 말을 하면 진심으로 듣기 거북해했다. 죄로 오염된 자아의 밑바닥을 본 사람답게, 친구는 늘 "그런 말 말어. 나는 티끌일 뿐이야"라고 말하며 우리를 파멸에서 구원하신 예수 그리스도만을 높이려 했다. 누구보다 바르게 살려 했던 이 친구가 이런 고백을 한다면 하물며 나 같은 사람이야 무슨 말을 할 수 있으랴.

김정 사모는 죽음이 코앞에 다다랐던 뇌수술 전날에도 비슷한 고백을 했다. 어쩌면 죽음을 직면했기에 또다시 그 말을 했는지도 모른다.

"지금 내게 병 낫는 것보다 더 중요한 건 나의 죄 문제야. 죄 문제가 병 낫는 문제보다 훨씬 심각하다는 걸 이제 알겠어."

낮에 그 말을 했던 친구는 그 밤에 내게 전화해 사랑한다는 말을 한 뒤, 눈물을 흘리며 마침내 이렇게 고백했다.

"주님께서 날 위해 십자가에서 흘리신 보혈이 나의 죄보다 크다고 말씀해주셨어. 예수님의 보혈이 훨씬 더 크대."

김정 사모가 담대히 수술예배를 드리러 간다고 말할 수 있었던 것은 그 때문이었다. 김정 사모는 이제 자신의 전 생애를 걸어 예수님의 십자가 보혈의 은혜를 찬송하려 했고 예수님의 부활로 보여주신 영생에 대한 약속에 감사했다. 나의 나 된 것은 주의 은혜임을 고백하는 의식이 뼛속 깊이 각인된 고백이었다.

그래서 김정 사모는 수술 후에 우리 모두를 대표하여 자신의 인생을 '덤으로 사는 인생'이라 표현하고 있었다. 덤으로 사는 인생이라면 우리가 해야 할 일이 무엇이겠는가. 덤으로 살게 해주신 그분을 찬양하는 일이 아니겠는가. 무덤에서 생명으로, 사망에서 영생으로 우리를 인도하실 주님을 높이는 일, 그것이 모든 인생이 가야 할 길임을 친구는 말하고 있었다.

김정 사모는 퇴원 뒤 곧바로 담길교회 예배당으로 달려와 부평수봉산교회와 연합으로 드리는 온라인 금요기도회를 위해 머리를 칭칭 감싼 채 피아노를 치며 하나님을 찬양했다. 모진 바람이 휘몰아치던 그 밤, 따스한 성령께서 우리를 찾아오셨다.

다른 차원의 기도제목

하나님을 찬송할 때 우리는 영광중에 찾아오시는 하나님의 임재를 경험한다. 물론 그 임재의 기쁨이라는 것도 언젠가 천국에서 누릴 하나님과의 영원한 연합에서 오는 원형의 기쁨에 비하면 그림자와 같은 것, 즉 맛보기에 불과하다. 그러나 잠시라도 하나님의 임재를 경험해본 사람이라면, 그간의 목마름이 돈이 없어서도 아니고 몸이 아파서도 아니라 하나님을 만나지 못한 데서 오는 목마름이었다는 것을 알게 된다. 주님을 만날 때 찾아오는 기쁨은 어디서도 맛볼 수 없고 누릴 수 없는 황홀한 기쁨이기 때문이다.

그런 만남의 기쁨을 가져본 사람은 이 땅의 질고가 영원하지 않다는 것도 알고 이 땅에서 누리는 회복이나 성취도 한시적이라는 사실도 안다. 병들었다가 잠시 좋아졌어도 1년 후든 30년 후든 언젠가는 또다시 병들어 죽을 수밖에 없는 것이 인생임을 알고 다른 차원의 완전한 회복을 소망하고 꿈꾸게 된다.

실제로 아팠다가 나았다는 사람들을 보라. 그는 1년 후든 5년 후든 50년 후든 언젠가는 반드시 다시 아파서 죽는다. 그리고 죽을 때는 조금이라도 더 살고 싶어 아쉬워한다. 그게 인생이다. 그러므로 우리의 궁극적인 소망은 더 이상 '병에서 잠시 낫는 것'이 될 수 없다. 그보다는 한 차원 높은 기도제목에 눈이 머물러야 한다. 그게 무엇인가. 우리를 위해 죽으시고 다시 사신 예수 그리스도를 따라 우리 역시 그 나라에서 영원한 부활의 생명을 입고 사는 일이다.

보십시오, 내가 여러분에게 비밀을 하나 말씀드리겠습니다. 우리가 다 잠들 것이 아니라, 다 변화할 터인데, 마지막 나팔이 울릴 때에, 눈 깜박할 사이에, 홀연히 그렇게 될 것입니다. 나팔소리가 나면, 죽은 사람은 썩어 없어지지 않을 몸으로 살아나고, 우리는 변화할 것입니다. 썩을 몸이 썩지 않을 것을 입어야 하고, 죽을 몸이 죽지 않을 것을 입어야 합니다. 썩을 이 몸이 썩지 않을 것을 입고, 죽을 이 몸이 죽지 않을 것을 입을 그 때에, 이렇게 기록한 성경 말씀이 이루어질 것입니다. "죽음을 삼키고서, 승리를 얻었다" 고전 15:51-54 새번역

이 말씀대로라면, 인생은 결국 하나님의 다스리심으로 영원한 승리의 찬가를 부르게 될 부활의 그날을 꿈꾸며 가는 여정이라 할 수 있다. 인생의 승패 역시 얼마나 오래 살았나, 얼마나 인정받고 얼마

나 많이 가졌냐가 아니라, 그날에 이르러 죽음을 삼키고 부활 생명을 얻는 자가 되느냐 아니냐에 달렸다고 말해야 한다. 따라서 우리 인생에 대한 최종 평가도 하나님나라에 가서 받아야 마땅하다.

다윗은 이 사실을 알았다. 그래서 그는 광야에서도 자신을 시시각각 죄어오는 현실의 고통에 주목하다가도 나중에는 다른 것에 주목한다. 하나님의 인자와 진리를 노래하며 가슴 벅차게 그분을 감탄한다. 그래서 그는 찬양으로 그 한 생애를 살아갔다.

내 눈에 비친 김정 사모도 그런 생을 살았다. 뇌수술 이후 1년 가까이 항암치료를 받는 동안 코로나로 집에 꼼짝없이 갇혀 지내야 할 때도 친구는 하나님을 노래하는 낙으로 하루하루를 견뎌냈다. 마치 여호사밧 왕의 군대처럼, 죽음이라는 어둠의 권세에 눌리지 않고 찬양을 앞세워 최후승리를 향해 뚜벅뚜벅 걸어갔다. 찬송하며 그분의 임재를 누렸고, 그 힘으로 기도했다.

> 낮에는 여호와께서 그의 인자하심을 베푸시고 밤에는 그의 찬송이 내게 있어 생명의 하나님께 기도하리로다 시 42:8

그렇게 1년을 보낸 뒤 친구는 2021년 1월 20일 자신의 생일에 또다시 병원에 입원해야 했다. 오랜 항암 부작용으로 뇌에 괴사가 생긴 까닭이었다. 입원 이후 2월 15일에야 겨우 면회 허락을 받아 휴게실에서 김정 사모를 잠깐 보았을 때는 김정 사모의 그 곱던 모습이 사라지고 난 뒤였다. 온몸을 떨며 휠체어를 타고 나온 김정 사모가 나를 알아보는지 못 알아보는지조차 확인할 길이 없었다. 김정 사모를 붙잡고 기도하는 동안 친구는 스르르 잠이 들기도 했다.

나는 이후, 들려오는 소식들로 김정 사모와 그 가족이 치러내는 고통의 크기를 짐작할 뿐이었다. 몸을 가누지 못하는 것은 물론, 침을 삼키지 못했고, 말도 못 했으며, 호흡조차 어려워 목을 뚫어 석션(suction)을 해야 했다. 김정 사모의 친정어머니와 남편 임홍직 목사님이 이틀에 한 번꼴로 번갈아 김정 사모 곁을 지키며 모든 수발을 들었다.

그때 김정 사모는 눈 깜박임만으로 "예"와 "아니오"라는 의사표시를 했는데, 나중엔 그마저도 안 되어 아무런 의사표시도 못 한 채 수개월을 살아야 했다. 몸의 기능이 하나씩 정지되어 가는 그 극심한 고통 속에서도 신음소리조차 내지 못한 채 견뎌내고 있었다. 그 모습은 마치 주님께서 다시 오시기 전에 예견된 대환란의 시기를 견뎌내는 그리스도인의 모습을 연상케 했다.

그러나 김정 사모의 영혼은 그런 와중에도 하나님을 찬양하고 있었다. 귀에 이어폰을 꽂아 찬양을 들려주면 침대에 누운 채 양 손가락을 피아노 치듯 움직이고 한쪽 발로 피아노 페달을 밟듯 밟는 것이 그 증거였다. 몸은 암세포의 권세에 눌려 꼼짝 못 할지라도 그 영혼은 여전히 하나님을 찬양하며 그 나라를 향해 가고 있었다.

그 소식을 전해 들은 나는 하나님께 살려달라고, 이제라도 제발 기적을 베풀어달라고 기도드렸다. 이 땅의 진정한 부흥이 병실에 갇힌 채 찬양하는 그 연약한 한 사람을 통해 시작되게 해달라고도 기도드렸다.

내가 힘들고 어려울 때마다 있는 그대로의 나를 따뜻이 수용하며 하나님의 격려와 위로를 전해주던 친구였기에 나는 이 친구와 평생을 함께 걷고 싶었다. 그래서 하나님께도 "제 곁에 두고 싶은 친구예요. 제발 살아서 곁에 두고 동무로 살게 해주세요. 저는 이 친구를 제 곁에 두고 싶어요"라는 기도를 간절히 드렸다. 그러자 그간 살려달라고 기도할 때마다 침묵하시던 하나님께서 한마디 응답을 분명하게 주셨다.

나도 그렇다.

그 말씀에 더는 아무 말씀을 드릴 수가 없었다. 하나님께서도 나처럼 김정 사모를 곁에 두고 싶으시다는데 내가 뭐라고 이 친구를 붙들 수 있겠는가. 곁에 두고 친구의 찬양을 들으시겠다는데 내가 뭐라고 천지의 주재이신 하나님께 저항할 수 있겠는가.

그런 뒤 몇 달이 지난 어느 날, 꿈에 김정 사모가 나타났다. 아팠던 모든 게 다 나아서 해같이 밝고 빛나는 얼굴로 나를 향해 환하게 웃는 모습이었다. 친구의 그 모습에 너무나 기뻤던 나는 황금으로 된 목걸이를 마련해 친구의 목에 걸어주었다. 잘 견뎌주어서 너무너무 고맙다는 말과 함께….

꿈속에서 나는, 내가 봤던 사람들 중 죽음에 맞서 가장 잘 싸워냈을 뿐 아니라 예수 그리스도를 찬양하며 죽음을 이기고 다시 살아난 김정 사모를 존경의 눈으로 바라보았다. 그녀는 내가 봤던 어떤 사람들보다 가장 빛나는 성공을 거둔 사람처럼 보였다.

그래서 나는 그 몇 달 뒤인 2022년 1월 20일(이날은 김정 사모의 생일이었다), 마침내 하나님 품에 안겼다는 김정 사모의 소식을 듣고도 더 이상 괴로움에 빠지지 않았다. 친구를 생각하면 하나님께서 걸어주신 황금목걸이를 건 채로 하나님을 찬양하며 기뻐하고 있을 모습이 선명히 그려졌기 때문이다.

그토록 사모하던 하나님의 임재를 누리며 부활 생명을 입은 채로 그분을 영원토록 즐거워하고 있을 친구를 생각하니 내 입에서는 저절로 찬송이 나왔다. 빛나고 높은 보좌에 앉으신 주 예수님의 모습과 해같이 빛나는 그분의 영광을 찬양한 찬송가 27장을, 나는 친구를 떠나보내는 장례예배 내내 마음으로 영으로 올려드렸다.

찬양하고 간구하고 중보하고 교제하며

찬양은 하나님을 온 맘으로 누리는 일이다. 그리고 하나님을 얼마만큼 누리며 사느냐는 그 인생이 길든 짧든 얼마나 풍성한 인생을 사느냐를 결정짓는다.

그래서 하나님께서는 우리 인생의 목적과 방향을 '하나님을 찬양하는 것'에 두셨다. 하나님을 찬양하지 않을 때 우리는 다른 무언가를 찬양하며 살기 때문이다. 돈을 찬양하고 권력을 찬양하고 내가 의지하는 사람을 찬양하고 때로는 '자아'라는 대상을 찬양한다. 모두 하나님께서 창조하신 피조물에 불과한 것들이지만 우리는 그것들을 선용하고 존중하고 사랑하는 것을 넘어 마치 그것들이 우리를 영원한 그 나라로 이끌 수 있는 양 몰입하며 찬양한다. 그러나 그 최종결과는 참혹하고 비참할 뿐이다.

우리의 마음과 생각은 언제나 우리가 찬양하는 대상을 향해 흘러간다. 그래서 나는 평소에도 그렇지만 기도할 때는 더더욱 찬양의 음악을 틀어놓는다. 찬양은 생각과 마음을 하나님께로 집중하도록 이끄는 최고의 노래이기 때문이다. 그 노래에 잠겨 기도하다 보면 세상 근심과 걱정에 눌려있던 내 영혼이 자유를 얻고, 세속의 가치관에 물들어 혼탁했던 생각이 정결함을 입는다. 찬양의 노래에 마음과 영혼을 싣다 보면 어느덧 나 자신도 다윗처럼, 주님을 의뢰하여 적진으로 달리며 하나님을 의지해 고난의 성벽을 훌쩍 뛰어넘는(삼하 22:30) 능력의 용사가 되기도 한다.

그러나 우리는 2년 반 전부터 '코페르니쿠스적 대전환'이라 할 만한 코로나 사태를 맞이하면서 모두 힘겨운 세월을 살아내고 있다.

마치 다윗이 굴속에 숨어 지냈던 세월처럼 우리도 무언가에 쫓기듯 숨죽여 지내고 있다. 그러는 사이 세상은 급속도로 변해갔고 이 급변하는 세상 속에서 교회인 우리는 정체(停滯)를 넘어 퇴행하는 모습까지 보이고 말았다. 한 날 한 날 하나님과 동행하며 간절하고도 절박하게 살아야 할 이 시기에 하나님의 손을 놓아버린 이들이 적지 않은 것이 그 증거들이다. 이러한 시대에 교회는 어떻게 이 견고한 진을 뚫고 하나님나라를 향해 전진할 수 있을까?

이런 질문을 던질 때마다 나는 오래전에 나온 책 《다윗의 장막》의 내용을 떠올린다. '하나님의 임재'에 관해 다룬 그 책에서는 사람이 처할 수 있는 가장 위험한 상태는 더 이상 하나님의 임재를 열망하지 않는 상태라고 말했다. 그런 면에서 그때나 지금이나 교회가 위기의 시대를 뚫고 전진하려면 '찬양'이 살아나야 한다는 것을 이 책은 강력하게 알려준다.

어떻게 해야 당신 교회의 문을 활짝 열 수 있는지 알겠는가? 어떻게 해야 부흥을 막고 있는 거대한 산을 두 동강 낼 수 있는지 알겠는가? 바울과 실라가 감옥에서 했던 대로만 하라. 등은 두들겨 맞고, 발은 족쇄에 매이고, 감옥문은 잠겨 있더라도 당신이 한밤중에 찬양할 수 있다면 당신의 예배를 통해 하나님의 분명한 임재와 영광이 임하기 시작할 것이다. 그리고 그분의 영광의 무게 아래서 모든 더러운 것은 무너지고 모든 매인 것이 벗어질 것이다.

"이에 홀연히 큰 지진이 나서 옥터가 움직이고 문이 곧 다 열리며 모든 사람의 매인 것이 다 벗어진지라"(행 16:26). [7]

우리는 지금 감옥에 갇힌 바울과 실라처럼 손발이 묶인 시대를 살고 있다. 코로나19 사태가 지난다 해도, 시대는 점점 더 어려워져 언젠가는 손발뿐 아니라 눈과 입까지 막히는 날이 올지도 모른다. 그러나 아무리 어려운 시대가 온다 해도 하나님의 영광이 임하면 하나님께서 친히 우리의 족쇄를 풀어주시고 우리의 발을 뛰게 하시며 우리의 입을 열어 할렐루야를 외치게 하실 것이다. 하나님은 하나님이시기 때문이다. 하나님께서 이 땅에 임하시면 그분은 우리가 그토록 바라던 부흥도 친히 이루실 것이다.

그래서 나는 지금도 기도가 막힌 듯 가슴이 답답할 때면 이어폰을 꽂고 찬양을 들으며 산책기도에 나서곤 한다. 언젠가 내게 "너는 나와 함께 걷자" 하신 주님의 음성을 떠올리며, 마치 에덴동산에서 주님과 교제했던 아담처럼 나 역시 하나님과 도란도란 교제하려는 마음으로 길을 나선다. 그리고는 다음과 같은 찬송을 나지막이 따라 부른다.

"나의 주 나의 주 죽음에서 부활하신 나의 주
모두 절하고 모두 외치세 예수는 나의 주"

---

7) 토미 테니,《다윗의 장막》, 이상준 역(토기장이, 2014), p.96.

예수님의 부활을 외치는 이 찬양을 부르다 보면 잔뜩 눌려있던 나의 몸 가운데 예수님의 생기가 불어넣어져 어느덧 힘찬 걸음으로 동네를 걷게 된다. 그러면 나는 성령에 감화되어 2절을 부르며 그분을 또다시 경배한다. 2절 가사도 1절과 똑같고 다만 '나의 주'를 '너의 주'로 바꾸어 부르면 된다. 3절은 '우리 주'로 바꾸어 부른다. 예수님이 죽음에서 부활하신 것이 나를 위한 것이고 너를 위한 것이며 우리를 위한 것임을 선포하는 것이다.

찬양은 참 신비롭다. 우리는 입술을 열어 찬양을 부름으로써 하나님을 높여드리는데, 그 찬양을 받으신 하나님께서는 낮고 낮은 땅에서 부르는 나의 노래 속에 찾아와 작고 연약한 내 곁에 머무시며 기뻐하신다. 그러면 놀랍게도 찬양 속에서 기도하고, 기도 속에서 찬양하는 신비가 펼쳐진다.

가령 "죽음에서 부활하신 너의 주"라는 찬양 한 절을 부르는 동안, 고통에 짓눌려 길을 잃은 지체들의 모습을 떠올려 주님께 올려드리고 그 죽음과 같은 고통의 문제를 뚫고 일어나 새 길을 가게 하실 부활하신 예수님의 모습을 그리는 식이다. 찬양 한 절을 부르는 동안 지체들을 위한 중보기도를 드리게 됨은 물론, 우리를 죽음의 권세로부터 이기게 하실 예수 그리스도를 내 온 맘과 영으로 경배하게 되는 것이다.

그런 날이면 나는 비로소 안다. 내가 왜 이 세상에 태어났고 앞으로 무얼 위해 살아야 하는지. 다윗이 고백했던 그대로 "내 평생에 하나님과 함께 살면서 주님의 아름다움을 보며 찬양하는 것"(시 27:4)이 나의 단 하나의 소원이자 갈망으로 변한다. 하나님의 임재 속에 들어가면, 그간 세상이 부러워 기웃거리거나 주눅 들거나 하던 사람에서 오직 하나님만을 갈망하는 사람으로, 하나님나라를 향해 담대히 전진하는 사람으로 변화되는 것이다.

그것은 '진짜 기적이 무엇인가?'에 대해 말했던 필립 얀시의 설명과 일맥상통하는 일이기도 하다. 필립 얀시는 그의 책에서 진짜 기적에 관해 이렇게 말했다.

> "하나님의 관점인 위로부터의 관점에서 볼 때 진짜 기적은 바로 전조 현상이다. 인간의 몸이 성령으로 충만한 그릇이 될 수 있는 것, 보통 인간의 자비와 선한 행위가 이 세상에서 하나님의 성육신이 될 수 있는 것이 바로 진짜 기적이다."[8]

나는 이 문장을 읽으며 참 많이 놀랐다. 길섶에 난 풀들처럼, 밟으면 밟히고 바람 불면 쓰러지고 강한 햇볕이 내리쬐면 말라버리는 나 같은 사람의 몸이 어떻게 그 크신 하나님의 영으로 충만케 되어 하나님과 연합하는 기적을 누릴 수 있단 말인가. 한 줌 티끌뿐이고 한 줄기 풀잎 같은 나 같은 사람이 어떻게 하나님을 찬양하고 그분

---

8) 필립 얀시, 《하나님 당신께 실망했습니다》, 최병채 역(좋은씨앗, 2007), p.286

께 기도하면서 그분이 하시려는 일에 동역자로 쓰임받는 그릇이 될 수 있단 말인가.

이 사실을 되짚다 보면, 나도 모르게 마음이 뜨거워져 오랜 고난 속에서 긴 싸움을 하고 있는 지체들에게 말을 걸고 싶어진다. 헤쳐 나가야 할 삶의 문제가 유달리 많아 날마다 기도하지 않으면 안 되는 고난의 사람들에게 "우리, 그 나라에 도착할 때까지 쉬지 말고 기도하자"라고 외치고 싶어진다.

인생은 곧 하나님의 구원 여정이 아닌가. 이 여정에서 하나님께 기도하며 그분과 동행하며 살 때 하나님께서는 때마다 우리를 건져주시며 우리를 이끌어 그 나라까지 인도하신다. 우리 힘으로는 이 광야에서 견딜 수조차 없지만, 우리가 하나님과 함께 걸으면 하나님께서 때마다 우리를 이끄시고 우리를 그분의 충만한 그릇으로 삼아주심으로써 마침내 우리를 진정한 승리자, 최종 승리자가 되게 하신다. 기도할 수 있다면, 기도하며 하나님과 동행할 수 있다면 우리는 그렇게 이 광야 길을 승리로 완주할 수 있다.

물론 우리는 지금, 누구랄 것 없이 모두가 고난받는 재난의 시대를 살고 있다. 따라서 각 사람이 평생에 걸쳐 어떻게 이 고난을 풀어 가느냐의 문제는 곧 세계 복음화의 문제와 연결될 수 있다. 약하디약한 우리가 기도로 하루하루를 살아낼 때 하나님께서는 그 삶에 하나님의 하나님 되심을 친히 드러내시며, 그분이 택하신 하나님의 백성들을 불러 모아 하나님나라를 이루어 가실 것이다.

그러므로 내 삶의 모든 영역이 저절로 부귀, 저절로 형통이 아니라 기도해야만 할 일투성이라면, 어쩌면 기뻐해야 할지도 모른다. 말을 배우던 어린 시절에도 부모님이 선물을 뒤에 감춘 채 "아가야, '주세요' 해야지" 하고는 아기 입에서 그 말이 나올 때 선물을 내미셨듯이, 성령께서 우리 마음에 대고 '이번에도 기도해야지'라고 하실 때는 그만큼 주께서 친히 마련해 놓으신 것들, 주고 싶으신 선물들이 엄청나다는 뜻일 테니 말이다.

그래서 오늘도 나는 기도하기로 했다. "하나님 어떻게 해야 하나요, 하나님 도와주세요. 하나님이 친히 이루세요"라는 우리의 기도를 통해 하나님께서는 마침내 하나님나라를 내 삶의 지경만이 아니라 예루살렘과 사마리아와 온 유대와 땅끝까지 이루실 것이기 때문이다.

말씀의 봄볕에 앉아

　하나님, 오늘도 우리는 불확실성의 시대를 살았습니다. 하룻밤 새에도 수십만 명의 코로나 확진자가 나오고, 러시아와 우크라이나 간의 전쟁 참사도 계속되는 와중이라 어디를 둘러봐도 불안의 공기가 떠도는 것만 같습니다.

　그런 가운데 우리 집 네 식구는 2년 넘게 방구석살이를 계속하고 있습니다. 남편은 이 기간 내내 집에서 혹은 교회로 출근해 '오늘은혜'라는 새벽예배 영상 설교를 만들어 송출하는 일에 몰두했고, 저는 의뢰받은 교정교열 작업을 하거나 책을 쓰는 일, 또 식구들 삼시 세끼 해주는 일로 시간을 보냈습니다. 큰아들은 자기 방에서 소설 쓰기에 몰두한 지 오래되었고, 작은아들은 수험생이었다가 대학생이 된 뒤에도 온라인수업을 받느라 역시나 방구석을 벗어나지 못하는 중입니다.

　그러다 보니 하루 세 번 밥 먹을 때 잠깐 모여 대화하며 웃는 일 빼고는, 온종일 각자의 작업실에서 마치 대장장이들처럼 지지고 볶고 땜질하고 공구 질을 하며 살아가는 모양새입니다.

　하나님, 우리는 잘 살고 있는 것일까요?

이렇게 사는 우리 삶의 열매는 언제 어떻게 맺히게 될까요?

열매를 보게 될 날이 과연 오기는 할까요?

　일하다 문득문득 이런 질문을 던지며 우리 가족과 교회와 지인들과 이 나라의 미래가 어떨지를 그리려 하면 스케치조차 되지 않습니다. 아무것도 확인할 수 없는 예측불허의 시대에 뭔가를 예측해 그려본다는 것이 아무 의미 없이 느껴지기 때문입니다. 내일은 누가 아플지, 코로나가 언제쯤 끝날지, 또한 내일 어느 지역에서 어떤 전쟁이 터질지 아무것도 예상할 수 없는 시대라는 것이 참으로 답답하게 느껴지기만 합니다.

　그러나 하나님, 그런 와중에도 성경을 펴서 말씀을 묵상하면 뭔지 모를 희망의 빛이 찾아와 제 얼굴을 비춰주곤 합니다. 아무리 어렵고 캄캄한 시대 속에 놓여 있는 것 같아도, 개인의 역사와 세계의 역사는 결국 '하나님나라 건설'을 향해 흘러간다는 사실을 말씀이 알려주기 때문입니다.

　그러므로 하나님, 하나님 안에 있다면 결코 고여 있거나 정지된 삶이 아니라 하나님나라를 향해 힘차게 흘러가는 삶이라는 것을 이제는 믿으며 살겠습니다. 우리가 보이지 않아서 모를 뿐이지, 하나님께서는 쳇바퀴 돌아가듯 반복되는 듯한 우리의 작은 충성을 붙잡고 하나님나라로 이끌어가시는 중일 테니 말입니다.

이 사실을 믿기에 또한 저는 이제 우리 가족의 미래가 어떻게 될지, 이 나라 정세가 어떻게 될지를 가늠하다가 불안해하는 일을 멈추겠습니다. 불안이란 제가 무언가를 통제하려 할 때 통제할 수 없는 현실을 자각하면서 찾아드는 것 아니겠습니까? 가족은 물론 저 자신조차 통제할 수 없는 존재인 제가 무언가를 통제하려 한다는 것 자체가 얼마나 어리석고 우스운 일이겠습니까?

이제 저는 모든 것을 완벽하게 통제하고 다스리시는 만군의 하나님 여호와께 저를 포함한 우리 가족과 지인들, 이 나라의 통제권과 통치권을 내어드리며 기도하기로 다짐했습니다. 그러면 하나님께서는 '하나님나라 건설'이라는 하나님의 목표를 향해 모든 역사를 친히 이끌어가실 거라 믿습니다.

하나님, 오늘 저는 말씀을 보다가 이 사실을 다시 깨닫고 무릎을 쳤습니다. 그러다 보니 제 얼굴에서도 어느덧 근심 빛이 사라졌습니다. 아니, 근심 빛이 사라진 정도가 아니라 소망과 회복의 새 빛이 찾아든 덕분에 제 안에는 작지만 어여쁜 꽃망울이 피어나는 것도 같습니다. 마치 베란다 창가로 봄볕이 스며들자 겨우내 움츠렸던 가지 끝으로 수줍게 꽃망울이 피어난 것처럼, 이 불확실성의 시대에 움츠러들기만 했던 제 마음 구석 어딘가에서 작지만 확실한 무언가가 수줍게 피어나고 있는 것입니다.

하나님, 오직 하나님의 말씀 안에 머무를 때, 신기하게도 제 마음의 표정을 음지에서 양지로 바꾸시는 하나님을 찬양합니다. 모든 것이 불확실한 시대, 정체되고 정지되어버린 듯한 삶의 모습에도 불구하고, 말씀이 희망이고 말씀이 봄이라는 것을 오늘 하나님께서는 제게 알려주셨습니다. 그 말씀이 있기에 저는 오늘도 그 말씀 붙들고 오직 기도하기로 했습니다.

또 내게 이르시되 인자야 이 뼈들은 이스라엘 온 족속이라 그들이 이르기를 우리의 뼈들이 말랐고 우리의 소망이 없어졌으니 우리는 다 멸절되었다 하느니라 그러므로 너는 대언하여 그들에게 이르기를 주 여호와께서 이같이 말씀하시기를 내 백성들아 내가 너희 무덤을 열고 너희로 거기에서 나오게 하고 이스라엘 땅으로 들어가게 하리라 내 백성들아 내가 너희 무덤을 열고 너희로 거기에서 나오게 한즉 너희는 내가 여호와인 줄을 알리라 겔 37:11-13

나는 기도하기로 했다

초판 1쇄 발행	2022년 5월 20일
초판 8쇄 발행	2023년 10월 30일
지은이	한근영

펴낸이	여진구		
책임편집	최현수		
편집	이영주 박소영 안수경 김도연 김아진 정아혜		
책임디자인	마영애 | 노지현 조은혜 이하은		
홍보 · 외서	진효지		
마케팅	김상순 강성민	마케팅지원	최영배 정나영
제작	조영석 허병용	경영지원	김혜경 김경희 이지수

303비전성경암송학교 유니게 과정
이슬비전도학교 / 303비전성경암송학교 / 303비전꿈나무장학회

펴낸곳	규장

주소 06770 서울시 서초구 매헌로 16길 20(양재2동) 규장선교센터
전화 02)578-0003   팩스 02)578-7332
이메일 kyujang0691@gmail.com   홈페이지 www.kyujang.com
페이스북 facebook.com/kyujangbook   인스타그램 instagram.com/kyujang_com
카카오스토리 story.kakao.com/kyujangbook
등록일 1978.8.14. 제1-22

ⓒ 저자와의 협약 아래 인지는 생략되었습니다.
이 출판물은 저작권법에 의해 보호를 받는 저작물이므로 무단 전재와 무단 복제를 할 수 없습니다.

책값 뒤표지에 있습니다.
ISBN 979-11-6504-328-5   03230

규 | 장 | 수 | 칙

1. 기도로 기획하고 기도로 제작한다.
2. 오직 그리스도의 성품을 사모하는 독자가 원하고 필요로 하는 책만을 출판한다.
3. 한 활자 한 문장에 온 정성을 쏟는다.
4. 성실과 정확을 생명으로 삼고 일한다.
5. 긍정적이며 적극적인 신앙과 신행일치에의 안내자의 사명을 다한다.
6. 충고와 조언을 항상 감사로 경청한다.
7. 지상목표는 문서선교에 있다.